Fritz Lichtenauer

Geboren 1946 in Vichtenstein im Innviertel. Seit 1968 veröffentlicht er in Literaturzeitschriften, Anthologien und im Rundfunk; seine Bücher mit Dialektgedichten heißen u. a. *Wosden wosden; do schausd / midde aung; sogi sogi* und *a longs und a broads*. Seit 1971 sind seine Textbilder in Ausstellungen im In- und Ausland zu sehen. Er lebt und arbeitet in Linz.

www.sprechensie.at

Fritz Lichtenauer

Sprechen Sie Oberösterreichisch?

Ein Sprachführer für Einheimische und Zugereiste

UEBERREUTER

ISBN 3-8000-3956-7

Coverfoto: Österreich Werbung / Wiesenhofer

Printed in Austria
3 5 7 6 4 2

Ueberreuter im Internet: www.ueberreuter.at

Inhalt

Hoamatgsang

Hoamatland, Hoamatland!
di han i so gern
wiar a Kinderl sein Muader,
a Hünderl sein Herrn.
1. Strophe der OÖ-Landeshymne

Weil die Wiener bislang auf eine eigene Landeshymne verzichten, hat Österreich zwar neun Bundesländer, aber nur acht Landeshymnen. Und welche der acht Hymnen ist die einzige in Mundart? Erraten: Es ist die oberösterreichische!
In Oberösterreich ist es kein Fauxpas, wenn man bei feierlichen Anlässen Mundart spricht bzw. singt, sondern ein Muss. Laut Gesetz ist es nämlich strafbar, »dem Wortlaut der Landeshymne eine andere Singweise oder der Singweise der Landeshymne einen anderen Wortlaut zu unterlegen«. So zumindest steht es in einem Landesgesetzblatt aus dem Jahre 1953, in dem die erste, zweite und letzte Strophe aus Franz Stelzhamers *Hoamatgsang* in der Vertonung von Hans Schnopfhagen zur Landeshymne erklärt wurde. Seitdem singen alle Inn-, Hausruck-, Mühl- und Traunviertler zum Abschluss einer offiziellen Feier in der Sprache, die sie auch weitgehend im Alltag verwenden.
Was des einen Freud, ist des anderen Leid: Die lieben Nachbarn in Niederösterreich, in der Steiermark und in Salzburg – vom Rest Österreichs und den ausländischen Gästen ganz zu schweigen – steigen nämlich schon bei der zweiten Strophe des Stelzhamer-Liedes aus: *Duri s'Tal bin i glafn, afn Hügl bin i glegn / Und dein Sunn*

hat mi trickert, wann mi gnetzt hat dein Regn. – Duri? Trickert? Gnetzt? Das ist Oberösterreichisch pur. Zugereiste haben damit zwar ihre liebe Not, aber den Einheimischen geht dabei das Herz auf und voll Freude singen sie auch noch die dritte Strophe: *Dahoam is dahoam, wannst net fort muaßt, so bleib, / Denn die Hoamat is ehnter der zweit Muaderleib.*

Die Wörter der Landeshymne und natürlich viele weitere Besonderheiten des oberösterreichischen Wortschatzes finden Sie in dem vorliegenden Büchlein, das knapp und treffend all das versammelt, was die rund 1,4 Millionen Oberösterreicher/innen sich selbst und ihren Gästen und Freunden sprachlich zu bieten haben: Originäres und Originelles zum Immer-wieder-Lesen und Erinnern …

Fritz Lichtenauer
Linz, Juni 2003

A

Wenn das A sich in der Aussprache dem O nähert (å), stehen die Wörter unter O (z. B. obi, owi / hinab, hinunter).

a	ein, auch, etwa. *A Seidl Most, bittschö! Füa mi a!* (Ein Seidel Most, bitteschön! Für mich auch!)
aba, awa	schneefrei, aper werden; *d'Wiesn san scho aba*
abich, awich	verkehrt (salzk.); *dö awichane Seit* (die verkehrte oder die rückwärtige Seite)
achatzn	ächzen
afbama	aufbäumen, auflehnen
afberschtln	sich grundlos über etwas erregen; *do brauchst di net afberschtln* (von »barsch«)
afblattln	aufblättern; auch: jemandem auf die Schliche kommen
afdrahn	öffnen; auch: aufbegehren, angeben, prahlen
afgobln	»aufgabeln«, eine Partnerin, einen Partner kennen lernen; ein Mädchen *afgobln;* auch: *afzwicka. Do hosta owa a Fesche afzwickt!* (Da hast du eine Hübsche erobert!)
afhussn	aufstacheln, anstiften

afikräuln, -kraxln	hinaufklettern. *Wast net afikraxlt, wast net owagfoin.* (Wenn du nicht hinaufgeklettert wärst, wärst du nicht heruntergefallen.)
aflosn	aufpassen, genau hinhören
afmaschaln	sich herausputzen, schön kleiden. *Wo gehst denn hi, weilst di so afmaschalst?* (von »Masche, Schleife«)
afpudln	aufbegehren, sich entrüsten
afspeiln	Augen, Mund weit öffnen. *Speil af dei Mäu!* (Mach auf deinen Mund!)
afschneidn	aufschneiden; auch: angeben, großsprecherisch tun
aft, aftad	nachher
afziang	nach oben ziehen; auch: witzeln, spotten, auf- bzw. erziehen. *Loss di net afziagn!* (Lass dich nicht hänseln!)
agrat	akkurat, äußerst genau
Ahnl	Vorfahre
amoi	einmal
Amalettn	Omelette, Pfannkuchen
Amuxl	Amsel
Antara, Antn	Enterich und Ente; eine *Schoaßantn* ist ein Wichtigtuerin (derb)
Argamentl	Argument
aschlings	rückwärts, mit dem Arsch voran. *Foah aschlings in d' Garasch eini, tuast di leichta.* (Fahre rückwärts in die Garage, das ist einfacher.)

Auffahrtstog	Christi Himmelfahrt
Augnhöbö	Augenlid
aui, auhi, außi	hinaus
ausbocha	ausgebacken; auch: ausgeschlafen sein
ausfratschln	neugierig ausfragen
ausgfressn	gut ernährt; auch: etwas angestellt haben. *Host wos ausgfressn?*
ausgschomt	ohne Scham, unverschämt
ausgschissn hobm	die Gunst, das Vertrauen verloren haben. *Bei mia host ausgschissen! Nua dass das woaßt!* (derb)
aushobm	anhalten, stehen bleiben. *Hob aus a weng!* (Halte kurz an.)
außiredn	eine Ausrede verwenden
ausschnopsn	etwas vereinbaren, abmachen (von »Schnapsen«, einem Kartenspiel). *Wos hobts denn ausgschnopst?*
aussponna	rasten; auch: die Geliebte abwerben
Auswärts, Auswechts	Frühjahr (Salzk.)
ausweidign	dehnen, weiter machen. *D' Haubn is gonz ausgweidigt.*
auswintn	wringen (nasse Wäsche)
Ax	Achse; wer *oweu af da Ax is,* ist immer unterwegs

B

Wörter, die Sie unter B nicht finden,
stehen sicher unter P

ba, bo; ban, bon	bei; beim
baba	Abschiedsgruß. *Schatzi, baba!*
bachaln, badln, bodln	urinieren
bachalwoam	angenehm warm
Bacht	Süßbäckerei, z. B. Kekse
baff	erstaunt, verblüfft, überrascht. *Do bin i gonz baff!*
Bagameta, Baragameta	Barometer
bagschierli	gefällig, praktisch, handsam
Bahä, Bahö	Krawall, Lärm, Aufsehen. *Mochts net so oan Bahä!*
Balawatsch	verfahrene Situation, Durcheinander, Konfusion. *Iazd homa an Balawatsch banond.*
Bamhackl	»Baumhacke«, Specht
banond, beinond	beisammen, beieinander

baraban schwer arbeiten. *I hob va da Früa bis af d' Nocht barabad.* (Ich habe von morgens bis abends schwer gearbeitet)

Bau, Baua Bauer; *Iazt hotn da Baua afighaut!* (scherzh. Redensart auf eine Person, die im Gespräch vom Hochdeutschen in den Dialekt fällt)

Bauxal kleines Wesen

Baz weiche Masse, Dreck; *bazaugad* (triefäugig, verklebte Augen haben); *bazwoach* (ganz weich). *A bazwoache Bian* ist eine besonders weiche Birne. *A Bazhäubl* ist eine kleine, weiche Haube.

bazn entspannen, faulenzen: *in da Sunn bazn;* wer sich aber *einibazd*, der drängt sich (z. B. in eine Menschenmenge) hinein: *Muass se dea a nu einabazn, wonn e koa Ploz is.*

Bedlweibl Bettlerin; auch: äußerster Kegel beim Kegelscheiben. *Wonn s' Bedlweibl afs Ross steigt* (Redensart; gemeint ist eine Frau, die, aus ärmlichen Verhältnissen kommend, gesellschaftlich aufsteigt und sich dann anmaßend benimmt)

Bei, Beivögö Bienen; *Beihüttn* (Bienenhütte); *Beistock* (Bienenstock)

beidn warten. *Beid a weng!* (Warte ein wenig!)

Beidl Beutel; auch: Hodensack; Schimpfwort. Ein *Krenbeidl* ist ein eingebildeter, hochnäsiger Mann, der überall seinen »Kren« dazugibt.

Beiwagal Probelehrer/in, der/die in der Ausbildungsphase zum praktischen Unterricht in die Klasse mitgeht

Bemmal Kügelchen; auch: kugelförmiger Kot; z. B. *Goaßbemmal* (Ziegenkot)

benzn unaufhörlich um etwas bitten, etwas verlangen

betackön betrügen, beschwindeln

Beuschl, Beischl Lunge; Speise aus Lunge und Innereien. Ein *Beuschlreißa* ist ein starker Tabak oder Schnaps, der einem die Innereien aus dem Leibe husten lässt.

Biadippla, Biadimpfö »Biertippler«; einer, der gerne Bier trinkt; es gibt auch *Mostdippla*

Binkö, Binkal, Bünkö Bündel. *Jeda hot sei Binkal z'trogn.* (Jeder hat sein Leid, seine Sorgen zu tragen); *Silobinkö* sind Siloballen auf den Wiesen; *a feina Binkö* ist ein vornehmer Mann

Bissgurn böse, streitsüchtige Frau

bizln zornig, eigensinnig, unbeherrscht sein, nachdrücklich weinen, schreien; Kinder *bizln; a Bizlhafal* ist ein Kind, das bitzelt

blad rundlich, dick; *a Blada* ist vornehm ausgedrückt ein »vollschlanker« Mann

blangi sei lüstern, begierig, verlangend sein

blasli gebraten, *blaslige Öpfö* sind auf einer Ofenplatte leicht durchgebratene Äpfel

blazn plärren; *Blazmäu* ist Schimpfwort für ein Kind, das plärrt

Bleamö	Blume; *Bleamömähl* (Blütenstaub); *bleamlad* (geblümt); aber: *bleamön* (foppen, zum Besten halten)
Bleampl, Bleampö	Tollpatsch, Dummkopf. *Wos is denn dös fia a Bleampö?*
bleangatzn, bleangitzn, blingatzn	glitzern, glänzen; auch: zuzwinkern, kokettieren. *Schau, wia a zu dia heableangatzt.* (Schau, wie er dir zuzwinkert.)
blecha	bezahlen. *Wiavü muasst denn dafüa blecha?* (Wie viel musst du dafür bezahlen?)
Blechtrottl	auch in Oberösterreich ein beliebtes Schimpfwort für den Computer
Bletschern	großes Stück; große Hautabschürfung; großes Gebäude (wird in Oberösterreich auf der 2. Silbe betont)
Bletschn	große Blätter, z. B. von Rüben; *a Bletschnschädl* ist ein Dummkopf
Blodan	Schafblattern; auch: Harnblase bzw. Blase auf der Haut; weiters: Bande, Gruppe. *A gonze Blodan sama gwen.* (Eine ganze Gruppe sind wir gewesen.)
Bloh	Bloch, entrindeter Holzstamm
blofuaßad	barfuß; auch *boafuaßad*
Blunzn	Blutwurst; auch: Schimpfwort auf eine dumme Frau; ein *Blunzngröstl* ist eine Speise aus Blutwurst und Erdäpfeln; wenn einem etwas *blunznwuascht* ist, dann ist es einem völlig egal
Bluza	Plutzer, Gefäß; auch: Kopf; weiters: Schimpfwort auf dummen Kerl.

Boa, Boana	Bein, Knochen
Boachant	Barchent; Flanell. *A boachants Hemad* (Flanellhemd)
Boaz	Beize für Fleisch; *Boazkräutl* sind z. B. Thymian, Majoran, Lorbeer
Boding	Bottich, großes Fass
Bofö	Pofel, minderwertiges Zeug, Schund; wer *boföd*, der raucht Zigaretten: *Boföd homs, dass d' Luft zan Schneidn gwen is.* (Geraucht wurde, dass die Luft zum Schneiden war.)
bögön	bügeln; *bögöd:* gebügelt; *gschdrigöd und bögöd* (gestriegelt und gebügelt)
Bompaletsch	abfällige Bemerkung für ein Kleinkind
Boms, Bombs	lästiges Kind
bompfn	pampfen, sich den Mund vollstopfen; *a Bompf* ist ein Wulst
bomsti	»bamstig«; gebauscht, gepolstert; auch: geschwollen, z. B. *bomstige* Finger; weiters: pelzig, schwammig. *Füascht Bomsti, Grof Bomsti* (Fürst Bamstig, Graf Bamstig), scherzh. Bezeichnung für überheblichen, arroganten Mann
Boshatnocht, Stiarnocht, Unruahnocht	Nacht von Pfingstsonntag auf Pfingstmontag, in der kleine Bosheiten erlaubt sind
Bosnigl	boshafter Mensch
bozn	patzen; einen Klecks, einen Fehler machen. *A Boza* kann ein Klecks, aber

auch ein Kind sein, das Fehler macht. *A Boznlippö* ist ein ungeschickter Mensch, einer der patzt, kleckst.

brachtn viel reden, sich unterhalten, schwätzen (Salzk.; von mhd. *brahten:* lärmen); *Brachtat* ist ein Gerede

Bradl (Schweine)braten; auch: Schimpfwort: *so a Mist-, Robmbradl; a Bradlgeiga* ist ein Musikant, der in einem Lokal von Tisch zu Tisch geht und aufspielt

Bremö Bremse, Stechfliege; *Bremö beißn*

Broadling Kröte; auch: *Höpping*

brocka, brockn pflücken

Broda Uhr (scherzh.): *Geht dea Broda scho wieda hint?* (Geht die Uhr schon wieder zurück?); auch: Backrohr. *Is 's Bradl scho drinn im Broda?* (Ist der Braten schon im Backrohr?)

Brodla langsamer Mensch oder Autolenker. *Foah scho weida, du Brodla!* wird gerne über einen langsamen Autolenker geschimpft.

Brummeisl Maultrommel

brunzn urinieren; *Schneebrunza* (Schimpfwort)

bscheißn betrügen

Bschoadbinkal Bündel mit Essen

Bsuf notorischer Trinker; *a so a Bsuf!*

bsuna besonders, eigenwillig; *a bsunana Mensch* (ein eigenwilliger Mensch)

Büchsn, Büxn	Büchse; auch: Gewehr; weiters: weibliches Geschlechtsorgan; als *Büchsnmocha* wird scherzh. ein Vater bezeichnet, dem ein Mädchen geboren wurde
budan	pudern; koitieren (derb)
buddln	viel, fleißig arbeiten; *a Buddla* ist ein fleißiger Arbeiter; s. *hackln*
buglad	bucklig
buglkraxn trogn	Kind oder Last auf dem Rücken tragen
bugön	bücken; sich verbeugen; unterwürfig sein
bumsn	krachen, mit dem Auto an- bzw. auffahren; auch: koitieren
bummvoi	überfüllt, gesteckt voll
bunkad	rundlich; auch *bunkalad*
Bunkö	Bunkel, Germkuchen
burrn	sausen, surren, dröhnen; *d' Sirene burrt*; auch: schnell herumrennen
Buschngschial	Blumentopf
Buz	Kerngehäuse, *Opföbuz* (Apfelbutz)

D

Wörter, die Sie unter D nicht finden, stehen sicher unter T

dabarma, daboama	erbarmen, bemitleiden
dadodat	erschrocken, erschüttert. *Gonz dadodat is a gwen.* (Ganz erschrocken ist er gewesen.)
dafrean, dafriasn, dafroin	erfrieren
daglanga, daglenga, daglöcka	erlangen, erreichen
dagehn	sich ausgehen. *Es dageht sih do net!* (Es geht sich doch nicht aus!)
Daglat	Geschmiere. *Wea soi denn dös Daglat lesn kinna?* (Wer soll dieses Geschmiere, Geschreibe lesen können?)
dafäuln	verfaulen
dahausn	erwirtschaften
dahischt	vermorscht, verfault
dakemma	erschrocken. *Bi i iazt dakemma!* (Bin ich jetzt erschrocken!)

Dam	Daumen. *Üwan Dam grechnt mochad dös so vü aus.* (»Über den Daumen gerechnet« würde es so viel kosten.)
dami, dadamt	muffig riechen, feucht, schimmelig
damisch	ungestüm, unberechenbar, wirr; *so a damischa Kerl;* es kann aber auch etwas *damisch* (sehr) wehtun
dangln, dengln	Sense, Sichel schärfen
darenna	tödlich verunglücken. *Da Nochbanbua hot si mid da Maschin darennt.* (Der Sohn des Nachbarn ist mit dem Motorrad verunglückt.)
dasi, dasig	kleinlaut, niedergeschlagen, benommen
dastunga und dalogn	erstunken und erlogen, frei erfunden
Dati	Vati
daweil lossn	Zeit lassen
dean	dienen
dechtln	abdichten von Holzgefäßen, die *zlexnt* sind
deixln	durchführen, meistern, erledigen; *dös deixln ma scho*
Depp	Schimpfwort: Dummkopf, Blödian; *deppad:* blöd, dumm
Depscha	Delle; auch: scherzh. für jemand, der nicht ganz richtig im Kopf ist: *Dea hot jo an Depscha!*

Dedschn	Ohrfeige; wer *odedschnt* wird, wird geohrfeigt
Dian	Magd
Diandl	»Dirndl«; Mädchen; auch: Frauentracht. *A schöns Diandlgwandl* (ein schönes Trachtendirndl). Eine Kornelkirsche ist auch ein *Diandl.*
dickön, dückön	trotzen
dischgarian	diskutieren; der *Dischgur* ist ein Diskurs
Doan	Mädchen, Frau; *so a feschs Doan* ist eine schöne Frau
Doana	Donau
Dobö, Dowö	Tobel, Kerbtal
Dochtl	Ohrfeige
Doda, Duda, Oadoda	Eidotter
Dodl, Doim	einfältiger, blöder Mann, Bursch
doikad	dumm, unbeholfen. *So a doikada Bua; so a Doik*
Doindal	Dolde, Quaste
Dombf	Dampf; wer einen Rausch hat, hat auch einen *Dombf; a Dombfplaudara* ist ein Schwätzer, einer der Unsinn redet; *a Dombfnudl* eine Germspeise
dona	hierher; *Toni, geh dona!*
doni	von hier weg
Doppla	Doppelliter Wein; auch: erneuerte Schuhsohle

dös	dies, das
drahn	drehen; auch: zechen; *a Drahra* ist ein Bursch, der vergnügungssüchtig ist, der gerne zecht
Dram	Deckenbalken
drawi	eilig, geschäftig (von mhd. *draben*). *Host das du heut drawi!* Wenn jemand Durchfall hat, hat er die *drawige Kadl.*
dreama	beständig auf jemand einreden, sich laufend wiederholen; *dahidreama*
Dreml, Dreaml	schwere Eisenstange, Balken, Pflock
drent, drentn, ent, entn	drüben
drinn, drein, inn	innen, innerhalb
Drischbl, Drischbü	Türschwelle
Drög, Dröck	Schmutz; auch: wertlose Sache, Schund; *dröcki* (dreckig)
Drongeima	»Trankeimer«, Kübel für Speisereste, die früher als Schweinefutter verwendet wurden, jetzt Biotonne
dua und on	durch und durch
Duckantal	Zwergtaucher (ein kleiner Wasservogel)
Dudl, dicke	dicke Frau; als *Dudlad* wird eine schlechte Musik, ein Gedudel bezeichnet
dumpa	dunkel, dumpf

dunga, dunka einschlafen, einnicken. *Host a weng dungt iazt, host e nix vasamt* (du bist ein wenig eingenickt, hast aber nichts versäumt); *eidunga* (eintauchen, auch: jemand besoffen machen); *Dung* (Dünger)

dunnan donnern

duri, durchi hindurch; *a Duriganond* oder *Duranond* ist ein Durcheinander

Duscha lauter Schall, Knall; auch: Regenguss bzw. Autoaufprall. *Scho hot's duschd.* (Schon hat es gekracht bzw. schon begann es zu regnen.) *Dea hot an Duscha!* (Der hat einen Dachschaden.) Man kann auch jemandem eine *duschn*, also eine Ohrfeige geben. *A Duschn* ist eine nicht besonders liebenswerte Frau; aber auch ein Duschbad.

Dusl Rausch

düt benommen, schwindling; *I bi gonz düt*

Düwö, Dübl Dübel; auch: Beule. *Er hot an Düwö am Kopf.* (Er hat eine Beule am Kopf.) *Düwö* ist aber auch ein Schimpfwort auf einen ausgelassenen Buben: *Du Düwö, du!*

E

Eadäpfö	Erdäpfel, Kartoffeln, im Salzkammergut auch *Echtbo* (Erdbohnen) genannt
Earl, Öhrl	Ohr
eascht	erst, vor kurzem
ebba, ebbas	etwa, etwas; vielleicht; auch: *ebs*
Echta, Eritog	Dienstag; auch: *Irda, Örda*
eh	ohnehin; *host eh Recht*
ehnda, ehnta	eher, früher; *ehnda is ois bessa gwen* (früher war alles besser)
Eicht, Eichtl, Neichtl	kurze Zeitspanne. *Konnst an Eichtl woatn?* (Kannst du eine Weile warten?)
Eibrenn	Mehlschwitze; *Eibrennsuppn*
eibrocka	einbröckeln; auch: einhandeln, Schuld auf sich nehmen. *Do ho i ma wos Schöns eibrockt!*
eifaschn	s. *Faschn*
eihoazn	einheizen, Feuer machen; aber: *Mia wean eam scho eihoazn.* (Wir werden ihn schon antreiben, zurechtweisen.)
eigriasln, eisüaßln	sich einschmeicheln; auch: *eitegön*

eigsprizt	beschwipst, betrunken
eiribön	einreiben; auch: *eirübön, eirüwön*
eischiaßn, eischoißn	einschieben des Brotlaibes in den Backofen; *eischiaßn* kann einem aber auch ein Schmerz ins Kreuz oder eine Idee
eisurn	(Fleisch) einsäuern, pökeln; das *Surbratl* ist eine köstliche Fleischspeise
eiweni	innen
einileppan, einischlampn	schlürfen, unordentlich essen
einitheatan	hineinsteigern; jemand in eine Sache hineinziehen
Elefe	11-Uhr-Jause (Salzk.; von mhd. *einlef*)
ella, erla	viel; *erla Göd* (viel Geld)
emsti, amsti	emsig; auch: *ampsi*
enk	euch; *wia geht's enk?*
ent, entn, entad	drüben; *bei enk ent* (bei euch drüben); im Salzkammergut und im Mühlviertel heißt »drüben« *ehö*; das Gegenteil von *herehö*
entahoib	jenseits
entarisch	gruselig, geheimnisvoll
Entif, Antifi	Endiviensalat
enz-	riesig, sehr groß; *enzlang, a Enztrumm*
etla	einige, etliche: *etla Leit*

F

Fackö, Fock	Schwein; auch: Schmutzfink
Facklsau, Fadlsau	Mutterschwein; *a Fadl* hingegen ist ein Ferkel; *fadln* tut die Muttersau, wenn sie Ferkel wirft
faihln	fehlen, missglücken, irren. *Do sats gonz gfaihlt gonga.* (Da seit ihr ganz verkehrt gegangen.)
foildarad, gfoidarad	faltig; *a gfoildarads Gsicht* ist ein faltiges Gesicht
Faschn	Verband; nach der Verletzung tut man den Fuß *eifaschn* (verbinden)
fasln	daherreden; auch: herumhüpfen
feankön, feangln	ungeschickt schneiden, sägen; auch: fäckön; *a Feanka* ist ein stumpfes Messer
feanzn	spotten, foppen
fechtn	betteln; *a Fechta* ist ein Bettler
Feichta	Feiertag; *Osta-, Weihnochtsfeichta*
Feichtn	Fichte; auch: Feuchtigkeit
Feidl	einfaches Taschenmesser mit Holzgriff
feigln	wenn es Probleme z. B. bei der Arbeit gibt, dann *feiglt* es; *so a Gfeiglat*

Feiromd mocha	Feierabend machen, die Arbeit beenden
Fezn	Lappen, Lumpen; auch: Rausch. *Hot dea an Fezn heut!;* der *Feznschädl* ist ein Schimpfwort; der *Feznzug* hingegen ein traditioneller Faschingsumzug in »Fetzenkostümen« am Faschingsmontag in Ebensee). *A Einifeza* ist ein Angeber. *Geh fez net a so eini.* (Gib nicht so an.)
fimmatzn	flimmern
fizln, fuzln	klein, unleserlich schreiben
Flachö	flatternder Stoff, auffallendes Kleidungsstück. *Wos hot denn d' Resi heut füa an Flachö o?*
Flachsn	Sehnen, zähes Fleisch
fladan	stehlen
flenn, flenna	weinen; eine *Flenngeign* ist ebenso wie die *Trenzgeign* eine Person, die häufig und leicht weint
flessln	stark regnen. *Heut flesslts owa.*
Fliagn, Floign, Fleogn	Fliege; *Fliagnpracka* oder *-tuscha* sind Fliegenschläger
Flitschal	Flittchen; leichtlebiges Mädchen
Floschn	Flasche; auch: Ohrfeige bzw. eine Person, die eine Ohrfeige verdienen würde. *Dea Bua is vielleicht a Floschn*
Flugsumi	flüchtiger, hastiger Mensch (von »flugs, schnell«); auch: schneller Volkstanz
Foam	Schaum; *Biafoam* (Bierschaum); *a Foam-*

	nudl ist eine Schaumrolle; wer *foamt*, der »schäumt« vor Wut, ist zornig
foast	dick, fett, feist
foiratzn	Funken sprühen
Foz	Mund (abfällig); *a Fozbleamö* ist eine Fieberblase, *a Fozhobö* (Fotzhobel) eine Mundharmonika, *a Fozn* kann aber auch eine Ohrfeige sein
fratschln, ausfratschln	neugierig ausfragen
Fressbüdl	winziges Heiligenbild, das aus Aberglauben verschluckt wurde
frettn, fröttn	sich notdürftig behelfen; auch: sparsam leben. Es können auch Schuhe *frettn* (wetzen) und auf der Ferse eine *Frettn* (Blase) verursachen. Wenn etwas *a Gfrett* ist, dann ist es eine Plage.
friasn, froisn	frieren
frimma	bestellen, bringen (salzk.)
Frissling, Frissnigl	Vielfraß
Frischgfongda	Neuling, Anfänger in einem Betrieb
Frotz	unartiges Kind
fungatzn, fangatzn	funkeln
Funsn	schlecht brennende Kerze, Lampe; aber auch: dümmliche Frau
Fuzal	kleines Stück. *A Fuzal Speck is no do.*

G

abcdefghijklmnopqrstuvwxyz

Wörter, die Sie unter G nicht finden, stehen sicher unter K

ga, gach	schnell, jäh (von mhd. *gâhe*); wer *an Gachn kriagd,* der wird zornig
Gadsch	dicker Brei; auch: Schlamm, Matsch; *Gadschweda* (ein Wetter zum Daheimbleiben)
gagaln	Notdurft verrichten (Kindersprache); als *Gaglweri* bezeichnet man unnützes, dummes Zeug (s. *Graffl*)
Gai, Gäu	Revier, Rayon; auch: Aufgabengebiet, Zuständigkeit, Kompetenz. *Dass d' ma net ins Gai kimmst!*
gali	sehr fett, geil
Gankal	Teuferl, übermütiges, aufgewecktes Kind. *Dem schaut da Gankal scho bei dö Augn aussa.*
Garaschnfest	Privatfest in der Garage, wie Zeltfest, jedoch »intimer«
Gattihosn	Unterhose
Gaustara	Hektiker. *Wos gaustast denn a so, loss da Zeit!* (Was bist du so hektisch, lass dir Zeit.)
Geaschtl	Bargeld (von »Gerste«). *Ea hot a schöns*

	Geaschtl af da Seit. (Er hat viel Bargeld zur Verfügung.)
geina, geuna	loben, preisen (von mhd. *giuden*); *fia dös muass i di a weng geina* (dafür muss ich dich ein wenig loben)
Gfraßt	Spreu, Abfall; auch: schlimmes Kind, Lümmel, Flegel
Gfriß	Fratze, Grimasse, unschönes Gesicht; *a Gfriß schneidn* (eine Grimasse ziehen)
Gheatsi	gutes Benehmen (von »es gehört sich«); wer *koan Gheatsi hot*, dem fehlen gute Manieren
Gickariki, Gickal, Gockal	Hahn
gigatzn, gogatzn	gackern; auch: stottern
Giftla	Drogenabhängiger
Gischpö	närrischer Kerl
Gizi	Jähzorn. *Do pockt mi da Gizi!*
gleng	komisch, seltsam; *a glenga Kunt* ist ein eigenartiger Kerl, Kauz
glenga	*wann's glengt*, dann reicht es
Glöcklalauf	Glöcklerlauf an jedem 5. Jänner: ein alter Lärm- und Lichtbrauch im Salzkammergut (von mhd. *klöcken*: anklopfen)
Glump, Glumpat	Gerümpel

Gmachtl	Mehl-Wasser-Gemisch zum Eindicken von Soßen
Gmoa	Gemeinde
gnaschdi	naschhaft
goa	zu Ende, fertig, aus; *iazd is goa*; auch: gar; *goa nix geht weita!* (gar nichts geht weiter!)
Goaß	Geiß, Ziege; *a blöde Goaß* kann auch eine dumme Frau sein
Goda, Godal	Doppelkinn. *Muasst eam hoid 's Godal krotzn.* (Musst ihm schmeicheln, damit du etwas bekommst.)
Godn	Tauf-, Firmpatin; der Tauf- oder Firmpate ist der *Göd. Schwizn wia a Fiamgöd!*
Goisara	Bewohner von Bad Goisern; auch: feste Bergschuhe (die ursprünglich aus Bad Goisern kommen)
goschat	frech, vorlaut, großsprecherisch. *A große Goschn füan.* (Ein großes Mundwerk führen.)
gradschn	mühsam bergauf oder bergab gehen, klettern
Graffl, Grafflweri	unbrauchbares Zeug
Gramml	Speckgriebe; *Grammlknödl* (Speise)
Grant	Ärger, Missmut; ein *Grantscheam* ist ein *grantiga*, übel gelaunter Mensch
graupat	widerborstig

grausn	ekeln
grawön	nach Schimmel, Fäulnis riechen; auch: frühmorgens dämmern
Grahnl	Eckzähne des Hirschen; das *Hiaschgrahnl* ist ein Schmuck an der Uhrkette oder am Gamsbart
Greaspeis	»Grünspeise«, Zuspeise, Gemüse
Gred	schmaler gepflasterter Weg entlang des Hauses
greina	schimpfen
Groamat	2. Mahd im Spätsommer
Grobla	langsamer, unentschlossener Mensch
grodn	»geraten«; *dös is ma grodn* (das ist mir gelungen); *do hots uns grodn* (da haben wir Glück gehabt); *dös ko i grodn* (das kann ich lassen)
Grond, Gronda	Brunnenbecken, Wassertrog (von mhd. *grant*)
Gronßa	mürrische Äußerung; auch: schlecht gelaunter Mensch, der *gronßnt* (mürrisch redet, schimpft)
Gruh	Geruch
Gsatzl, Gsetzl	Strophe eines Gedichtes oder Liedes
gschafti	wichtigtuerisch, geschäftig; *a Gschaftlhuawa* ist ein Wichtigtuer
gschami	schamhaft. *Tua net so gschami, sitz di hi za dein Gschamstara.* (Sei nicht so schamhaft, setzt dich hin zu deinem Liebhaber.)

Gschbeiwad	Erbrochenes; auch: Unfug. *Wos soi dös Gschbeiwad?* (Was soll dieser Blödsinn?)
gscheckat	gefleckt
Gscheitwaschl	Besserwisser
Gschea	Schererei, Unannehmlichkeit; das Sprichwort *Wia da Hea, so dös Gschea* bedeutet aber: wie der Herr, so der Knecht
gschead	ungebildet, dümmlich; *a gscheada Hammö* ist ein Bursch ohne Manieren
Gschisdi-gschasdi	Umständlichkeit. *Moch ned so a Gschisdigschasdi draus.*
Gschisdla	umtriebige, auch umständliche Person
Gschloda	schlechtes Getränk
gschmacki	schmackhaft
Gschmochal	liebes, kleines, naives Kind
gschmoh	lieb, nett, handsam (Salzk.)
gschmoizn	teuer; die Preise sind *schö gschmoizn*; auch: wie geschmiert, tadellos; *geht wia gschmoizn*
gschnappi	bissig, spitzzüngig
Gschwaflad	leeres Gerede
Gschwisdrad-kina	Geschwisterkinder, Cousinen und Cousins
Gsodarat	Gesindel
gspoaßi	spaßig
Gspon, Gsponin	Kamerad/in, Gefährte/in (von »Gespann«)

Gspusi	geheime Liebschaft
Gstaudat	Gebüsch
Gstanzl	vierzeiliges, lustiges, oft auch zweideutiges Lied, Schnaderhüpfl
Gstöttn	Böschung, steiler Hang
Gsturi	Mühe, Aufwand, Sorge
Gsudarat	andauerndes leeres Gerede, Gewäsch (von »Suada«)
guating	mindestens, ziemlich; *guating a Stund*
Gugascheckn	Sommersprossen
Güatat	Wohlgefühl, Wohltat
Guazl	Zuckerl, Süßigkeiten
Gvickad	Kleinvieh
Gwahn	Schneewächte
Gwascht	Gerede, Gewäsch; auch: geschmackloses Getränk
Gwond	Gewand, Kleidung
Gwiakst	schwierige Lage; Gewürge

Ha, han?	Wie bitte?
Hachl	Hachel, hobelartiges Küchengerät; *Guaknhachl* (Gurkenhachel); *hachln, hachön, ohachön* (streiten, sich gegenseitig Bosheiten an den Kopf werfen)
hackln	fleißig arbeiten; *a Hackla* ist einer, der fleißig arbeitet; s. *buddln*
Häd	Held
Hadscha	ausgetretene Schuhe; auch: langer Fußmarsch. *Dös is a Hadscha gwen* (das war ein langer Marsch); *a Hadschada* ist einer, der *hadscht* (schlecht geht, hinkt)
Haftlmocha	wer *afpasst wia a Haftlmocha,* ist ein aufmerksamer Mensch
haling, hartling	bald
hanti	bitter, herb
hapan	»hapern«, es fehlt etwas. Bei dem einen *hapats* mit dem Geld, bei dem anderen *hapats* in Deutsch oder Mathematik.
harb	verärgert, beleidigt; *ea is harb af mi; tua di net harbm* (ärgern)

haschpln, haschpön »haspeln«, stolpern; *vahaschpön*

Haubm Haube; auch: Gastronomisches Qualitätszeichen (*Haubmkoch*). Heiratet jemand, so kommt er *unta d' Haubm*. Ein *Haubmtaucha* (Haubentaucher) hat absonderliche Ideen (scherzh.).

häu, häul eisig, rutschig. *Mei liaba, heut is häu, heut hoaßts afpassn!* (Heute ist es eisig, heute muss man aufpassen!)

häufti viel, oft

Häunl Haue, Harke; beim *Häunln* lockert man die Erde auf

häutln abschälen; *ohäutln* tun alle, die nach einem Sonnenbrand die Haut verlieren

Heahn, Hehna Hühner, *Hehnaaug* (Hühnerauge); *Hehnageia* (Habicht)

heialn, heialegn (mit beruhigendem Heihei-Gemurmel) schlafen legen; *a Heial, Heiabettal* ist eine Wiege, ein Kinderbett

Heiratsguat Aussteuer der Braut. *Tritt ma s' Heiratsguat net owö,* sagt man scherzh., wenn einem jemand von hinten auf den Schuh tritt.

Hemad Hemd. Als *Hemadspreiza* wird wegen seiner stimulierenden Wirkung die Sellerie bezeichnet.

Hetschibetsch Hagebutte

Heugeign große, gertenschlanke Frau

Hiankastl	Hirn, Gehirn; *Es geht ned eini in mei Hiankastl* (ich kann mir das nicht merken); das *Hianedal* ist ein Dummkopf; *hiandamisch* meint irrsinnig, aufbrausend
hifollad	»hinfallend«. *Da Sepp hot 's Hifolladö.* (Sepp hat Epilepsie.)
Himmi, Himml, Himmö	Himmel; auch: Baldachin bei Fronleichnamsprozession. *A Himmöloata* (Himmelleiter) ist ein Farnkraut, *a Himmözohna* ein scheinheilig grinsender Mann, der sich mit himmelwärts gerichtetem Blick über etwas entrüstet.
hintari	nach hinten; *geh hintari*; *hintumi* (hinten herum); *hinum* (hinüber, vorüber)
hintarucks	hinter dem Rücken, hinterlistig; *hintarucks a Hackl einihaun* (in den Rücken fallen, intrigieren)
Hoa	Haare
Hoabeer, Hoabedl	Heidelbeere
Hoad	Heide
hoagli	heikel. *A hoagliga Kropf* ist ein heikler Esser.
hoam	heim, nach Hause; die *Hoamat* ist die Heimat
hoamli	heimlich. *Dös Hoamligö geht üwa d' Leut!* (Das heimliche Gespräch wird über Leute geführt; eine Redensart)

hoabuachan, hoabüha	aus Hainbuchenholz; widerstandsfähig; stur
hoaebm	»haareben«, ganz flach, extrem eben
Hobagoaß	Habergeiß, eine Schrecken erregende Brauchtumsfigur, die Nikolaus und Krampus begleitet; auch: Schnitzbank
Hoban, Howan	Hafer
hobm	haben; auch: halten; *dös hobt fest* (das hält fest); auch in der Bedeutung von *hanti*: *da Most hobt* (zieht den Gaumen zusammen)
höcka, hecka	stechen. *A Woissn hot mi ghöckt.* (Eine Wespe hat mich gestochen.)
Hohzat	Hochzeit; oft auch als *Houhzat*, *Heohzat* ausgesprochen
Hoitestö	Haltestelle
Hoiwe	ein halber Liter Bier
Holla	Holler, Hollunder; auch: Unsinn; *so a Holla* (so ein Unsinn); *Hollarösta* ist ein Mus aus Hollunderbeeren
hollatzn	jauchzen, jodeln
Hödeifi! Höseitn!	»Höllenteufel«, »-seite«, ein Ausruf des Erstaunens
Höni, Heni	Honig; Bären tun gern *Höni schlecka*
Hoppal	beschränkte Person
hoppatatschi	ungeschickt
hosaln	mit kleinen Schritten gehen. *Mit dem enga Kidl ko ma nedda dahihosaln.* (Mit

dem engen Rock kann man nur kleine Schritte machen.)

Huanaus	Hornisse
Huat	Hut. *Hauma an Huat draf!* (Machen wir Schluss, beenden wir die Arbeit!) *Es brennt da Huat!* (Es ist höchste Zeit!)
Hüafla, Hüfö	»Hüfler«; Holzgerüst zum Heutrocknen; auch: Schimpfwort auf einfältigen Kerl. *Wos is denn dös füa a Hüafla?*
hüatn	das Vieh auf der Weide hüten
huckaln	hocken; *huckal di hea za mia* (hock dich her zu mir)
hudln	eilig, hastig, schlampig arbeiten. *Van Hudln keman Kina!* (Durchs Hudeln kommen Kinder!; scherzh.)
hunzn	schinden; jemanden schlecht behandeln. Es *hunzt,* wenn Arbeit nicht von der Hand geht.
husi	schnell, hurtig; auch: praktisch (Salzk.)
Hussinana, Hussinand	Overall für Kinder (mühlv.)
Huscha	»Huscher«. *Ea hot an Huscha.* (Er ist nicht ganz richtig im Kopf.)
huschaln	frösteln. *Huschl di eina za mia.* (Komm unter meine Bettdecke zum Anwärmem.)
hutschn	schauckeln; auch: Kind schlafen legen

I

iada, iade, iads	jeder, jede, jedes
iat, iatzt	jetzt; auch als *iatad, hiaz* und *hiazad* verbreitet
iawat	je(mals)
iawö, iawön	manchmal; ab und zu. *Iawöngamoi is scho recht a Gaudi.* (Manchmal ist es schon ein großer Spaß.)
Iaxn, Üachsn	Achsel, Achselhöhle, Schulter. Etwas *unta da Iaxn trogn.*
Ifong	»Infang«; Waldwiese
inn, innat	innen, im Innern
inn weadn	erfahren; inne, bewusst werden
ins, üns	uns; ein *Insriga* ist »einer von uns« (z. B. Mitglied einer Partei)
inständi	andauernd
Iarbeer	»Irrbeere«; Tollkirsche
iarn	im Weg sein; *du iarst mi* (du bist mir im Weg); von mhd. *irren*: stören
Itüpfalreida	»I-Tüpfelchen-Reiter«; übergenauer, pedantischer Mensch

Jagatee	auf Schihütten sehr beliebter Tee mit Schnaps
jagln	laut rufen, plappern
Janka, Joppn	Joppe, kurze Jacke
Jaukal	Injektion, Spritze. *Da Dokta hot ma a Jaukal gem.* (Der Arzt hat mir eine Injektion verabreicht.)
jausna	eine Zwischenmahlzeit (*Jausn*) einnehmen
jeian	»jeiern«; jammern, klagen
Jessas!	Jesus!; Ausruf des Erstaunes, Erschreckens; auch als *Jessas Marandjosef!* (Jesus, Maria und Josef) gebräuchlich
Juchatza, Jugatza	Jauchzer; die dazu passende Tätigkeit heißt *juchatzn, jugatzn*

Kaiwö Kalb; auch als Schimpfwort geeignet; beim *Kaiwöziagn* (»Kalb ziehen«) hilft man der Kuh beim Gebären

Kaluppn altes, baufälliges Gebäude

Kampl, Kampö Kamm; auch: Bursch, Kerl. *A fescha Kampö* ist ein hübscher Bursch.

karnifln quälen, sekkieren. Die Rekruten werden gern *karniflt*.

Kas Käse; auch: Unsinn. *Wos soi dea Kas?* (Was soll der Unsinn?); *Du bist jo gonz kasi.* (Du bist ja ganz blass.) *A Kasloabl* ist entweder ein Käselaib oder ein blasser Mensch, der vielleicht *Kasla* (Schweißfüße) hat und *a Kashlattl* (eine Boulevardzeitung) liest.

kebln, kewön keppeln, keifen. Ein *Keblzohn* ist ein einzeln stehender Zahn (scherzh.)

Kidlfoin Kittelfalte.; wer *an da Kidlfoin hängt,* ist unselbstständig

kifln, kifön nagen, beißen. *Wos zan Kifön hobm.* (Etwas zum Nagen, aber auch zum Nachdenken haben.)

kindsn	auf kleine Kinder aufpassen; babysitten
Kini	König
Kira, Kiacha	Kirche
Kirda, Kirta	Kirchweihfest, dörflicher Markttag
kirrn	laut lachen, schreien
klankln, klankön	baumeln; auch: müßig herumschlendern
Klappal	Sandalen
klaubm	vom Boden auflesen
kleschn	klatschen, schlagen, stampfen. Einen *Klescha* oder *Klopfa* hat jemand, der nicht ganz richtig im Kopf ist.
kletzln	herunterlösen, z. B. die Kruste von einer Narbe
kliabm, kloibm	Holz hacken, spalten
kloaweis	Stück für Stück
Klompfn	Eisenklammer; auch: Gitarre. *Geh spü wos af deina Klompfn.*
Kluppal, Kluppn	Wäscheklammer
knaungatzn	jammern, raunzen
Knon, Knun	Knödel
Knoscha	ausgetretene Schuhe, Pantoffeln
knozn	gekauert sitzen
Kombinesch	Damenunterkleid
kommod	bequem

Koan	Korn; *a Koanana* ist ein Kornschnaps. *Mogst an Koanan oda an Zwetschkan?* (Magst du einen Korn- oder einen Zwetschkenschnaps?)
Kochl	Fliese; auch: Nachttopf bzw. ungewöhnlicher Hut
Koh	Mus; *Griaßkoh* (Grießkoch), *Öpfökoh* (Apfelmus)
Köpfla	Kopfsprung ins Wasser; auch als *Schliafa, Hechtla* bezeichnet
Köstn	Kastanie
Kotzn	dicke, zottige Decke; *kotzngrob* (sehr grob)
krawudisch	wütend
Kra, Kro	Krähe
Krachal	Limonade
kragatzn	krächzen
Krambambal brenna	mit Schnaps und karamellisiertem Zucker ein stark alkoholisches Getränk zubereiten
Kramuari	Kram, Gerümpel, Unordnung
Kranzltog	Fronleichnamstag
Kraudara	alter und klappriger Mann
kräun, kräuln	kratzen, kraulen; auch: dahinkriechen. Ein langsamer Autofahrer wird als *Kräula* beschimpft.
Krepial	schwaches, kränkliches Wesen (von »krepieren«)

Kriachal, Kriah	Ringlottenart
Krischpindal	kleines, schwaches Geschöpf
krompad	grob, derb; Ein *Krompn* ist eine Doppelspitzhaue für Erdarbeiten
Kruschpö	Knorpel
Kruzinesa, Kruzitüakn	Fluch
Kua	Kuh; auch: Kur; als *Kuaschodn* (Kurschatten) wird scherzh. ein Kurgast bezeichnet, der einen anderen Kurgast nicht nur zum Essen begleitet
Kübl, Kübö, Küwö	Kübel; auch: altes Auto
kudan	kichern, verstohlen lachen
Kunt, Kuntaling	Kerl, Bursche, Liebhaber
Kupfermuckn	oö. Straßenzeitung der Obdachlosen
kuschn	schweigen, nachgeben
Kuitua	Kultur; eine *Kuituamedain* (Kulturmedaille) bekommen *Kuituaträga* (Kulturträger), also Personen, die sich im Kulturbereich Verdienste erworben haben

L

la	leer
Lali, Läli	ungeschickter Mensch, Schwachsinniger
Landl	das Hausruckviertel; aber auch ganz Oberösterreich: *Vier Viertel hat 's Landl.*
Landla	Landler, Volkstanz; auch: Bewohner des *Landls* bzw. altösterreichische Siedler in Siebenbürgen und in der Ukraine; die *Landlbian* ist eine Birnensorte
Lanzing	Frühling (Salzk. und mühlv.)
Latschn	Pfütze; auch: Legföhre
Laubat, Lauwat	Laub; *Laubat recha*
launln, leanln	lehnen
Lausa, Lausbua	schlimmer Bub
Lawua	Lavoir; Waschschüssel
leafln	undeutlich sprechen
Leasch	langweiliger Mann
Leba, Lewa	Leber. *Is da wos üwa d' Lewa grennt?* fragt man jemanden, der betrübt bzw. beleidigt wirkt. *Er hot d' Lewa af da Sunnseitn* umschreibt einen Trinker, der

	ständig vom Durst geplagt wird, weil seine Leber der Sonne ausgesetzt ist; ein *Lewabunkl, Lewaschädl* ist eine Speise aus Leber, Semmeln und Eiern.
Leckapatzi	Spottruf aus Schadenfreude
Leibl, Leiwö	Weste; der *Leiblkittl* ist Teil des *Diandls*
Leibal, Leiwal	Unterhemd, T-Shirt; auch: Chance. *Bei dea host koa Leibal.* (Bei diesem Mädchen hast du keine Chance.)
Leidn	Abhang
leischn (gehen), leuschn	umherziehen, ausgehen; als *Leischn* wird eine amüsierwütige Frau bezeichnet
Leiwat	Leinwand; wer *eigeht wia dö bömisch Leiwat*, der wird immer schmächtiger
letschat	schlaff, welk; *a Letschnbeni* ist ein Schlappschwanz
Lettn	Lehm, Morast
Liabstod-Sunnda	Liebstatt-Sonntag; 4. Fastensonntag, an dem in Gmunden befreundete Menschen mit Lebkuchenherzen beschenkt werden
Liachtbradl-Monda	1. Montag nach Michaeli (29. Sept.), an dem in Bad Ischl alle 50-, 60-, 70-, 80- und 90-Jährigen gefeiert werden
liegahafti	bettlägrig
Loabal	Laibchen, z. B. *Fleischloabal*
loabm	gut bekommen (Salzk.); *es loabt mas neama* (ich habe genug)
loamlockad	unentschlossen, träge

Loamsiada	ist ein langweiliger Bursch oder Mann
Loatawogn	Leiterwagen
lob	lau, fad, langsam; auch: *lowalad*
Lobal, Lobian	einfältiger, fader, unentschlossener Mann, einer, der sich nichts zutraut; auch: *Lochal, Lodsch, Lopp.*
Löckan	Latschen, Legföhre; als *Löckarösal* wird im Salzkammergut der Almrausch bezeichnet
Lodn	Latte, Brett; auch: Verkaufsladen
Löffl, Löffö	Löffel; auch: Ohren. Wer *koan Löffö hot,* hat keine Lust; wer *den Löffö ogibt,* der stirbt.
Löfflrem	Wandgestell zum Aufhängen von Kochlöffeln
loign, lüagn	lügen; *a Lüagnschübl* ist ein Lügner
longa, glonga	(aus)reichen; auch: jemanden schlagen: *ea hot eam oane glongt*
Longbänk	befestigte Stubenbank entlang der Mauer; s. *Vüabänk*
loschian	logieren, wohnen
Losa	Mit *de Losa* (Ohren) *lost* (horcht) man
löz	schwach, schlecht; *ea is löz beinand. Lözgoschad* oder *lözmäulad* ist jemand, der schlecht über andere redet.
Luada	Luder (Schimpfwort), auch: Grünfutter; ferner: Köder, Aas
Lucka	Loch, Öffnung; Socken können *luckat* (löchrig) sein

machaln	kleine Arbeiten verrichten, basteln. *Wos machaltst denn do umadum?* fragt man jemand, der Kleinarbeit verrichtet
Malefizkeal	wilder Kerl, Draufgänger
mali	fleckig, faulig. *A maliga Opfö* ist ein fleckiger, fauliger Apfel
mankön	etwas Heimliches, Undurchsichtiges tun
mantschn	mischen, zerquetschen
manzn	sich sehr anstrengen. *Is dea Koffa schwa, den ko ma jo kam damanzn.* (Ist der Koffer schwer, den kann man ja kaum heben.)
Maschkara	verkleidete, maskentragende Person, z. B. im Fasching
Mäu, Mäul	Maul, Mund; *Hoit 's Mäu!* ist die Aufforderung, den Mund zu halten; wer *'s Mäu aufreißt,* ist vorlaut; wer *oan a Mäu ohängt,* beschimpft ihn; wer sich *'s Mäu vabrennt* plaudert unvorsichtigerweise etwas aus
maunln	müde, schläfrig sein. *Maunl di af d' Sof, bist e scho so miad.* (Leg dich aufs Sofa, bist ja schon so müde.)

Mäuta	Mörtel
meamln, meamön	besonders langsam kauen; auch: leise und undeutlich sprechen. *Wos meamöst denn do zom, i vasteh koa Woat.* (Sprich nicht so undeutlich, ich verstehe kein Wort.)
Mauraforäln	»Mauerforelle«, scherzh. für Knackwurst. Ein *Mauraklavia* ist eine Ziehharmonika.
megatzn	meckern
Mensch, Mesch	Mädchen. *A feschs Mesch* ist ein hübsches Mädchen; wer *menschan* geht, der geht »auf Aufriss«, steigt den Mädchen nach
meutan	schimpfen
miaslsüchti	kränklich, schlecht gelaunt
Midöcha	Mittwoch; auch: *Mirӧcha*
Mili	Milch; auch: *Müli, Muich, Mü*
Mischling	Most aus Äpfeln und Birnen; auch: Kind von Eltern unterschiedlicher Hautfarbe
Mistmonna	Männer der Müllabfuhr
Mo	Mond; auch: *Monähnl, Ähnlmon*; *moscheini* ist jemand, der mondsüchtig ist
moab	mürbe, reif; *a moabe, siaße Bian* ist eine weiche, süße Birne
Moaschoft	Mannschaft beim Eisstockschießen
mocha	machen, erzeugen; wer eine *Wiatschoft mocht*, macht Mist, Unordnung

mockn, mocka	trotzen, bockig sein
Moda, Monda	Montag
Modl	einfältiges, langweiliges Mädchen
Modlat, Gmodlat	dummes Gerede; auch Bezeichnung für einen Film, ein Stück oder eine Veranstaltung mit seichtem Inhalt
moin	malen, anstreichen. *Konnst du schö moin.* (Kannst du schön malen.) *Do möcht i net ogmoit sei.* (Da möchte ich keinesfalls wohnen, leben.)
Moristoa, Moristidl	Grenzstein, Grenzpflock; vom mhd. *marke, marc(h)*
Most	Der vergorene Apfel- oder Birnensaft ist das oberösterreichische Nationalgetränk; die *Mostschädln* (Oberösterreicher) nennen ihn auch liebevoll »Landessäure«; das *Mostviertel* ist jedoch ein Teil von Niederösterreich.
motschkan	bemängeln, kritisieren
müachtln	schlecht, schimmelig riechen; in einem ungelüfteten Raum kann es *müachtln*
mungatzn	munkeln

N

Na!	Nein!; Ausruf der Bewunderung bzw. Beteuerung: *Na geh, wost net sogst!*
Nagal	kleiner Nagel; auch: Nelke, Gewürznelke
nanalat	komisch, verschroben
Näwö	Nebel; die *Näwösuppn* ist ein besonders dichter Nebel
Neidbissn	kleiner Bissen zum Kosten. *Ge, gib ma an Neidbissn!*
Neidhammö	»Neidhammel«, neidischer Mensch
Neinan	Neun-Uhr-Jause (Salzk.)
Nestscheißal	Nesthäckchen
neta	bloß, nur; *net:* nicht
netzn, nötzn	nass machen, nass werden; s. *Hoamat gsang* (Einleitung)
Niftl	Nichte
Nigl	eigensinnige Person, schlimmer Bub. *A Notnigl* ist ein Geizhals, einer der jeden Euro umdreht. Ist etwas *niglnoglnei*, so ist es funkelnagelneu.
Noagal	Getränkerest im Glas

Noarrndattl	alter närrischer Mann
nocha, nochad, nochand	nachher, dann
nochigrodn	»nachgeraten«; z. B. dem Vater oder der Mutter ähnlich sein. *Dea Bua grot gonz sein Vota no.* (Der Bub ist wie sein Vater.)
nochizodln	nachfolgen, zu spät kommen
nochtrogarisch	nachtragend, ungehalten sein
Nockabazl	nacktes Kind
Nockn	langweilige Person. *Du bist a fade Nockn!*
Nodarin	Näherin, Schneiderin
nopfatzn	dösen, einnicken
Nosching	Sau, Mutterschwein
nuagatzn	herumwetzen, nicht still sitzen können
Nuasch	Schweinetrog; auch: Rinne
Nudldrucka	Person, die herumdrückt, sich nicht entschließen kann; auch: die sehr sparsam ist

O

Oa	Ei; *Ostaoapecka* ist ein Brauch, bei dem man Ostereier aneinander schlägt
Oabat, Oawat	Arbeit
Oacha	Eiche; das *Oachkatzl* (Eichkätzchen) und vor allem der *Oachkatzlschwoaf* (Eichkätzchenschweif) sind beliebte Zungenbrecher; *Oachl, Oachö* (Eichel)
Oadachsl	Eidechse
oahändi	einhändig; *oahändi Radl foan*
Oaned	Einöde, abgelegene Stelle; auch: *Oaschicht*
Oasch	Arsch; Gesäß; auch als Schimpfwort verwendet: *du Oasch, du!*
oba, oha, owa	herab, herunter
obastangln	mit einer Stange Obst vom Baum holen
öbba, öbbas, öbbs	vielleicht, etwa, etwas. *Gibt's öbbs neuchs?*
obm, om	oben
öbm, öm	eben; *öbmvoi* (randvoll)
o(b)-	Vorsilbe: ab-
obeerln	abrebeln; auch: *obödln*

obeidln	abbeuteln, abschütteln. *Do hots mi obeidlt.* (Da ist es mir kalt über den Rücken gelaufen.)
obrocka	Beeren, Obst pflücken
odraht	hinterfotzig. *A gonz a Odrahta* ist ein ganz gerissener Kerl.
ofiesln	Fleisch vom Knochen abnagen
ofoahn	abreisen, auch: begehren. *Da Lois is af d' Helga ogfoahn.*
ofoama	ausplündern, Geld abgewinnen, abgefeimt
ofonga	»abfangen«, pölzen; auch: eine Ohrfeige bekommen. *Glei wiast oane ofonga!*
ogfaunzt	schlau, durchtrieben
ogötzn	abgleiten, abrutschen, z. B. mit dem Messer
ohausn	abwirtschaften
okragln	erwürgen; den Hals umdrehen; *Hehna okragln*
okrotzn	(ab)sterben
omuaksn	abwürgen, umbringen
opassn	im Hinterhalt auf jemanden lauern
oposchn	verschwinden, sich aus dem Staub machen
orama	abräumen, jemandem Geld abnehmen
oschmiargln	mit Sandpapier abreiben

oschoaßln	geringschätzig abtun, abweisen, kurz abfertigen. *I ho mi ned oschoaßln lossn.* (Ich habe mich nicht abwimmeln lassen.)
ospeisn	Kommunion empfangen; auch: jemanden mit einem kleinen Geldbetrag von sich weisen wollen
otackn	ablocken, abgewinnen. *Unbedingt woit a ma de Ua otackn.* (Unbedingt wollte er mir die Uhr ablocken.)
ototzn	ab-, angreifen, berühren
obi, owi	hinab
obibuggsn	in einem Zug austrinken, z. B. Schnaps, Medizin
obirackan	sich abmühen
obischwoabm	hinunterspülen
obistrowön	abmühen
obitoan	sich sorgen, kränken
Obizahra	Nichtstuer, Faulenzer
odln	die Jauche aus der *Odlgruam* (Jauchegrube) ausfahren
Oida, Oide	Alter, Alte; *mei Oida, mei Oide* (mein Mann, meine Frau)
o(n)-	Vorsilbe: an-
obandln	anbandeln; eine Beziehung anzuknüpfen versuchen
obritscht	hemmungslos, liebestoll
obumbsn	anstoßen; auch: schwängern

odudln	sich betrinken; auch: *oflaschln*
ogradig	liebestoll, aufdringlich
okean	umkehren
okentn	anzünden
olögn	Kleider, Hose anziehen. *Wos soi i denn heut wieda olögn?* (Was soll ich denn heute wieder anziehen?)
opumpn	jemanden um Geld ersuchen
orenna lossn	jemand abweisen, blamieren
orempln	anrempeln, jemand anstoßen, beiseite drängen, anpöbeln
oschledan	unabsichtlich ein Getränk ausschütten. *Host di scho wieda ogschledat, konnst net afpassn!*
oschmian	an-, beschmieren; auch: betrügen. *Do wa i schö ogschmiat gwen.* (Da wäre ich einem Betrug aufgesessen.)
oschnauzn	anschnauzen; jemand grob an- oder widerreden
osinga	jemand immer wieder um etwas ersuchen
ospenln	etwas mit einer Steck- oder Sicherheitsnadel befestigen
otaucha	anschieben
otrenzn	sich anpatzen, bekleckern
otschechat	betrunken
oweafn	Motor starten; auch: Mauer verputzen

ozacht, ozött	beschmutzt, angepatzt
ozapfn	Bier anschlagen; auch: Blut abnehmen bzw. jemanden um Geld ersuchen
ozoagn	anzeigen
ozwidan	eine Person übel gelaunt, mürrisch ansprechen
offt	offen. *Host scho wieda 's Hosentüal offt!*
Ofnstiarla	Schürhaken
Ogrosl	Stachelbeere
öha!	hoppla! auch: halt
oidlat	ältlich, nicht mehr frisch; *oidvadarisch* (altmodisch)
Oim	Alm; beim *Oiman* wandert man am Berg; manchmal trifft man einen *Oimtodl* (dummer Bursch oder Mann)
oisand	alle zusammen
Opfö	Apfel; *Opföbuz* (vom Essen übrig gebliebenes Kerngehäuse); *Öpfökoh* (Apfelmus); *Opföschlangal* (länglicher Apfelkuchen); *Opföbunkö* (runder Apfelkuchen)
ös	ihr (2. Person Mehrzahl)

Wörter, die Sie unter P nicht finden, stehen sicher unter B

packln, packön	gemeinsame, heimliche, auch betrügerische Sache machen
Pantschal	heimliche Liebschaft
pantschn	Getränke schlecht mischen. *A pantschta Wein* verursacht Kopfweh.
papialn	jemanden übervorteilen
pappad	rundgesichtig; *a Pappal* ist ein Brei für Kinder; *a Pappn* eine abfällige Bezeichnung für Mund. *Host die Pappn scho wieda offt!* (Hast du deinen Mund schon wieder offen; kannst du nicht ruhig sein!)
Pass	Gruppe von Gleichgesinnten, z. B. eine *Pass* Bauern, s. *Rud*, *Zech*; auch: Hinterhalt; beim Kartenspiel tut man *passn* (abwarten)
Patschhandal	Kinderhändchen; *Patsch Handi zsomm* (ein Sprach- und Greifspiel für Kleinkinder)
Peank	Klotz; auch: grober Mensch; *peankat* (grob, ungeschlacht)
Pecka	Stoß, Schlag. *Host an Pecka?* (Bist du nicht ganz richtig im Kopf?); vgl. *Oa*

pempan	auf Metall schlagen; auch: koitieren (derb)
Pemsl	Pinsel; auch: eingebildeter, arroganter Kerl; *so a Pemsl!*
pfitschigogaln	am Tisch mit Münzen und Kämmen »Fußball« spielen
Pfitschipfei	Pfeil; *schnö wia a Pfitschipfei*
pflanzn	foppen, zum Narren halten. *Moast, du kost mi pflanzn?*
pflutschn	beim Reden mit der Zunge anstoßen
pfnausn	schnauben, laut hörbar atmen
pfnottn	schmollen, beleidigt tun
Pfoad	Hemd
pfüatn	sich mit *pfüati (Gott)* verabschieden
pfugatzn	verstohlen kichern
pfuschn	unangemeldet bzw. schlecht arbeiten; *a Pfuscha* ist ein Schwarzarbeiter
Pick	Klebstoff; wer auf eine Person *an Pick hot*, hegt Groll gegen ihn; *a Pickal* ist ein Aufkleber, eine Vignette
pipaln	(heimlich) trinken. *Da Leo pipalt a gonz gean.* (Leo trinkt auch ganz gern.)
Pipn	Hahn an Fässern oder Wasserleitungen; auch: frecher Kerl; s. *Rotzbua*
Pitschn	Blechkanne; z. B. *Milipitschn*
plattln	flache Steine über das Wasser werfen; auch: schnell laufen

Plättn	flaches Holzboot
pledan, plödan	schnell und laut fahren; z. B. mit dem Moped; auch schwätzen. *A Pledan* ist eine geschwätzige Frau
plodan	sich bauschen
Plotinga	durchtriebener Kerl
Pofösn	mit Marmelade gefüllte, mit Schmarrnteig umhüllte und in Fett herausgebackene Semmelschnitten
Poimesl	derjenige, der am Palmsonntag als Letzter aufsteht, ist der »Palmesel«
Poimkatzl, Poimmudl	Weidenkätzchen; auch: *Mudlbam* (Palmkätzchen
Poistaziachn	Polsterüberzug
pomali	gemächlich, bedächtig
Pomarantschn	Orange. Als *Londpomarantschn* wird scherzh. eine unerfahrene Person vom Land bezeichnet.
Popp	Kleister. *Dem is da Popp ins Hian gstiegn!* (Gemeint ist damit jemand, der besonders eingebildet ist.)
Poscha	klatschender Laut, v. a. beim *Poschn* (Applaudieren); aber: wer einen *Poscha* hat, der ist nicht ganz richtig im Kopf
Potsch	Tollpatsch; *potschad* (ungeschickt)
Potschn	Pantoffel, auch: Reifenpanne; als *Potschnkino* bezeichnet man scherzh. ein Fernsehgerät

Pracka	Teppichklopfer; aber: *Do hot's mi afprackt!* (Da bin ich gestürzt!)
Prägoatn	Vorgarten
pressian	eilen
pritschln	planschen
Pritschn	Liegestatt aus Brettern; z. B. im Freibad; auch: Schlag- und Klappergerät (beim Ebenseer Fetznfasching, der vom *Pritschnmoasta* angeführt wird); weiters: LKW-Ladefläche
Protzn	Tierpranke, auch grobe Menschenhand
Pröbstling	dicker Mensch
Pudlhaum	Wollhaube
Puhu, Puhudl	Uhu; auch: auffälliger Hut, z. B. mit Federn; weiters: stark auftoupierte Frisur
pumpalgsund	kerngesund
pumpan	heftig klopfen. *I ho Heazpumpan.* (Ich habe Herzklopfen.)
Punkal	kurze Wurst; auch: kleiner, dicker Mensch
Püss	Steinpilz; auch: ungezogener Bursch
Puza	Verweis, Tadel. *Heut ho i an Puza kriagt!*; wer jemanden *zsompuzt,* schimpft ihn; *puz di!* (verschwinde!)
queangatzn	quietschen, knarren; auch: *quigatzn, quearn, quiarn*; *a Quearn* ist eine greinende, jammernde Frau

R

rabiat	wütend, wild, zornig
Radaubruada	einer, der Radau, Krach macht
Radi	Rettich
Radla	Radfahrer; auch: Mixgetränk aus Bier und Limonade
Radlbock	Schubkarren aus Holz; *Radlbock foahn* (Turnübung für Kinder, die auf Händen gehen müssen, während jemand ihre Füße hochhält)
radlumadum	im Kreis herum
rafn	raufen, balgen
rama	räumen, säubern; *umadumrama* (herumräumen); als *Ramasuri* bezeichnet man ein großes Durcheinander bzw. Aufräum- und Übersiedlungsarbeiten
Raman	Kruste des Schmarrns, die sich in der Pfanne anlegt
Raml	Schmutzkruste im Gesicht eines Kindes; ein *Nasnraml* ist eingetrocknetes Nasensekret
randi	kräftig, tüchtig; auch: etwas Besonderes

Randibudandi	scherzh. für nicht besonders bekömmlichen Bauernschnaps
rangln	raufen, balgen
rantn, obirantn	sich sorgen. *Tua di ned rantn, ea wiad scho kemma!* (Sorg dich nicht, er wird schon kommen!)
rass	scharf, herb; *a rassa Schnops*
Ratschn	hölzernes Instrument, das knarrende Geräusche erzeugt und in der Karwoche anstelle der Kirchglocke verwendet wird; auch: geschwätzige Frau. *Riada Ratschn* (scherzh. für »Rieder Zeitung«)
Raudn	abheilende Hautabschürfung
Rauk	Rauch; *rauka* (rauchen)
Rauna	rote Rübe
Raunl	klappriges Fahrzeug; auch: Zieharmonika
Raunza	einer, der immer klagt, jammert
Rauschkugö	häufig Betrunkener
Rawuzl	ungepflegter Kerl
Ream	Riemen, Gürtel
Reankn	großes Stück, z. B. Speck
reahrn	laut weinen; röhren (Hirsche); *Reahra* (Aufschrei, Geplärr)
Reahrl	enges Rohr; *a Reahrlhosn* ist eine Hose mit engen Hosenbeinen; *d' Reahrn* ist das Ofen-Backrohr

Redhaus	Vielredner
Rehane	Hose aus Rehleder, während *Hiaschane* bzw. *Gamsane* aus Hirsch- bzw. Gämsenleder erzeugt werden
Reiba	Verschlussriegel
Reibm	Kurve, Biegung; auch: altes Auto bzw. Gerät zum Mostobstzerkleinern; ferner: Kaffeemühle; *reibm* (reiben, scheuern; auch: mahlen, z. B. Kaffee). Jemandem *Oane reibm* heißt ihm eine Ohrfeige geben.
Rein, Reindl	Kochgeschirr. *A Bratl in der Rein* ist traditionell der Schweinsbraten, bei dem *Eadäpfö* und Kraut mitgebraten werden. *Reinnudln* sind Buchteln (Mehlspeise aus Germ)
Reisatbesn	Besen aus Reisigholz
Reitan	Sieb. *Rennt umanond wia da Schoaß in da Reitan* (scherzh. Redensart über jemanden, der sehr umtriebig, geschäftig ist).
resch	knusprig, frisch; auch: forsch, lebhaft; z. B. *a resche Wirtin; a rescha Wein* ist ein trockener Wein
Ribisl	Johannisbeere
rinnaugad	triefäugig
Rippalessn	trotz wenig Fleisch und vielen Rippenknochen ist das *Rippalessn* in Gesellschaft sehr beliebt
Roa	Ackerrain
Roafn	Reifen

roasln	sich gemütlich unterhalten
roasn	reisen, sich auf den Heimweg machen
robotn	Arbeit leisten bei Nachbarschaftshilfe
Rocka	Spinnrocken, Spinnrad; bei der *Rockaroas* treffen sich Frauen zum gemeinsamen Spinnen, Singen und Erzählen
röcka	Brechreiz verspüren; *es röckt mi*
roglad	wackelig, locker
Rotzbua, -löffö, -pipn	Lausbub; *Rotzglockn* (Nasentröpferl)
ruachln	zusammenraffen, habgierig sein; auch: übermäßig arbeiten, um mehr Geld zu verdienen; *Ruachla* (raffgierige Personen)
Ruadn	Rute
Ruam	Rübe; *Ruamzuzler* (Schimpfwort für verweichlichten Mann)
Ruaschn	Person ohne Umgangsformen
Rud	Gemeinschaft lediger Bauernburschen (Hausruck- und Traunviertel), im Salzkammergut heißen sie *Pass*, im Innviertel *Zöch*
rumpln, rumpön	lärmen, poltern, donnern; die *Rumplkomma* ist ein Abstellraum
rupfn	ausreißen (Unkraut, Federn); auch: jemanden ausnehmen
Rutschipeda	Ausdruck für Kind, das nicht still sitzen kann

Sabl, Sawö	Säbel; *Sablhaxade* haben krumme Beine
Sach, Sachal	Hab und Gut, Besitz; auch: kleines landwirtschaftliches Anwesen
Sächrehrn	Rauchfang, in dem Fleisch geselcht wird
saftln	durchsickern von Flüssigkeit. *Mili* kann z. B. aus der kaputten *Pitschn saftln*
sakra!	Fluch; auch: *sakradi!, sappra!, saxndi!*
Salettl	Gartenlaube, verglaste Veranda
Sandla	Obdachloser
Sandlbüda	Hinterglasbilder aus Sandl im Mühlviertel
Sau	weibliches Schwein; auch: Schimpfwort; ferner: Glück. *Do homa a Sau ghobt, das ma ned in Stau kemma san.* (Da hatten wir Glück, dass wir nicht in den Stau kamen.) Als *Sau* bezeichnet man weiters die Spielkarte Ass. *Saubartl, Saunigl* sind Schimpfwörter; *a Saubleaml* ist ein Löwenzahn; *saukopfad:* s. *schofkopfad; saunigln* tut eine Person, die ordinäre Witze erzählt; nach einem üppigen Essen braucht man oft einen *Sauhäudan* (Obstschnaps) für den *Saumogn* (Magen).

Säursuppn	saure Rahmsuppe
Schädl	Kopf; *a Dick-* oder *Sturschädl* ist ein eigensinniger Mensch
Schaikl	Trachtenweste, Jacke; auch: *Schalkl, Schampa, Schampal, Schamperschaikl*
schäli	schief; *dö Maua is jo gonz schäli*
Schaml	Schemel
Schandar	Gendarm; auch: *Schantaling, Schandi*
Schar, Schär	Schere; *Schneida, leih ma d' Schar* (Kinderspiel)
Scheanknschua	schwere genagelte Schuhe
scheban	klappern, scheppern; auch: laut lachen. *A oide Scheban* ist eine schwätzige Alte.
scheiblfotzad	rundgesichtig
scheibm	rollen, schieben; z. B. *Kugal-* oder *Köglscheibm*. Wenn etwas *zan Scheibm is*, dann ist es zum Lachen.
Scheibtruha	Schubkarren
Scheidahaufm	Süßspeise aus Semmelschnitten
scheidlknian	Strafandrohung für Kinder. *Heut wiads no zan Scheidlknian.* (Heute musst du noch auf Holzscheitern knien.)
scheißn	Notdurft verrichten (derb); *do scheiß i ma nix o* (da tu ich mir nichts an); *Scheißa; Scheißkeal* sind Schimpfwörter auf einen Mann; eine komplizierte Sache oder Arbeit ist *a Gscheißat*

Scheniera	von »genieren«. *Ea hot koan Scheniera.* (Er hat keine Hemmungen.)
Scher	Maulwurf; *Scherhaufn* (Maulwurfshügel)
Scherbänk	Tisch, Bank, auf der das geschlachtete Schwein geschoren wird. *Af d' Scherbänk kemma* (auf den Operationstisch kommen; in eine Zwickmühle geraten; scherzh.)
Scherm	Scherben; auch: Nachttopf; *an Scherm afhobm* (das Unglück angezogen haben)
schern	abschneiden; auch: sich kümmern, sorgen; aber: *scher di zan Teufl* (schau, dass du wegkommst)
Scherzl	Brotanschnitt bzw. letztes Brotstück
schiach	grässlich, hässlich; wenn einem *gonz schiach wiad*, dann fürchtet man sich
schiagln, scheangln	schielen; auch: verpetzen, verraten
Schinakl	kleines Boot
Schindl	Dachschindel; *Schindl am Doh* sagt man zum Gesprächspartner, wenn man andeuten will, dass Unberufene zuhören
schintn	plagen, abmühen; *a Schintarei* ist eine mühsame Arbeit
Schlagl	leichter Schlaganfall
Schlapfn	Pantoffeln
schlauna	eilen; *es schlaunt*, wenn es schnell vor sich geht

Schlaz	Schleim
schleanzn, schlianzn	schlendern; *umanondschleanzn* (untätig umherschlendern)
schledan	stark regnen; auch: verschütten
schleima	sich ärgern; *do hot a gschleimt*
schleißi	zerschlissen; *a schleißiga Keal* ist ein nichtsnutziger Kerl
schlenkan	baumeln, wackeln
Schleudamili	entrahmte Milch
schliafn, schloifn	durchschlüpfen; *a Schliafal* ist eine schlaue, listige Person; aber auch Teigwaren (Hörnchen) werden als *Schliafal* bezeichnet
schlicka, schlucka	schlucken; *nix zan Beißn, nix zan Schlicka*
Schlidn	Schlitten. *Mit dem Keal san s' Schlidn gfoahrn.* (Mit dem Kerl hatten sie leichtes Spiel.)
schlifatzn, schlifitzn	auf dem Eis oder auf harter Schneebahn mit den Schuhen dahingleiten
Schlofhaum	Langschläfer, Schlafmütze
Schlompn	schlampige, nachlässige Person
Schluaf	Bursch mit langen, fettigen Haaren und Goldketterl
schludan	schlottern; wer aber etwas *hischludat*, der arbeitet bzw. schreibt schlampig
Schluf	Unterschlupf, Versteck

Schmäh	Witz, Unwahrheit; wer *schmähstahd* ist, dem fehlen die Worte; *a Schmähtandla* ist eine Person, die es mit der Wahrheit nicht ganz ernst nimmt
schmauln	schmeicheln, liebkosen, geborgen fühlen
Schmia	Fett zum Schmieren; auch: Salbe; das Gesicht *einschmian;* aber: *I schmia da oane* (Ich gebe dir eine Ohrfeige); wer Wache hält, *steht Schmia*; und jemanden *schmian* heißt: ihn bestechen
Schmiarasch	Geklekse
schmiargln	ranzig riechen; verdorbene Butter *schmiarglt*
Schmoan	Speise; z. B. Grieß- oder Kaiserschmarrn; auch: Unsinn
Schmoizgsö	»Schmalzgeselle«, rührseliger Mensch
Schnackalsteßn	Schluckauf
schnacksln	koitieren
Schnaufal	kleines Auto; auch: *Spuckal*
Schneuztüachl	Taschentuch
Schniatza	Schnitzer; auch: Fehler; *an Schniatza mocha* (einen groben Fehler machen)
Schnidlsuppn	Rahmsuppe mit Brotschnitten
Schnipfal	keines Stück
schnoatn	schneiden, z. B. *Bam ausschnoatn*; auch: schnitzen
Schnofal	beleidigtes Gesicht; *ziag koa Schnofal* ist

	die dazu passende Aufforderung; *schnofatzn* (schnaufen); *schnofln* (schnuppern)
Schoaß	Furz; auch: etwas Schlechtes, Blödsinniges; *a Schoaß mit Quastln* ist etwas ganz Blödsinniges
Schoatn	Hobelspan, z. B. *Hoblschoatn*
Schobm	Kleidermotte, Küchenschabe
schofkopfad	Gesicht mit einer »schafförmig« gebogenen Nase; das Gegenteil ist *saukopfad*
schofl, schofli(g)	geizig; auch: kleinlich
schoma	schämen
schoratzn	knarren, mit den Zähnen knirschen
Schreamsn	Kurve, Ecke; *umi um d' Schreamsn*
Schrogn	Gestell aus schräg stehenden Hölzern; auch: Totenbahre; scherzh.: magere Kuh
Schrot, Schreot, Schreat	Holzumgang im 1. Stock des Bauernhauses
schualn	eilig gehen
Schulapock	Schultasche
Schusl, Schusla	hastiger, unüberlegter Mensch
schwadan	faseln, leeres Zeug reden; auch: schwafln, schwanan
Schwamma, Schwammal	Schwamm, Pilz; ungenießbar sind *Schwammal zwischn de Zechan* (Fußpilz)
Schwartling	nicht entrindetes Brett, Baumanschnitt
Schweglpfeifn, Seitlpfeifn	kleine hölzerne Blockflöte, die aber quer gespielt wird

Schwing	aus Holzspänen geflochtener Korb; *Hoiz-, Fuadaschwing*
Schwiz	Schweiß
sedan	stark regnen (Salzk., mühlv.); *Sedara* (Regenguss)
Seicha	Sieb; *a Seichal* ist eine unentschlossene, wehleidige, ängstliche Person
Seidl, Seitl	Getränkemaß (0,35 Liter); *a Seidl Bia* (ein kleines Bier)
Seitnstübl	Kropf (scherzh.)
seltsam	ausgefallen, besonders, fremdartig, rar, wertvoll; *gonz wos Seltsams* (etwas ganz Eigenartiges); *gonz wea Seltsama* ist eine Person, die man schon lange nicht mehr getroffen hat
Seelwöckn, Seelstriezl	Allerseelenstriezel
Semmötrenza	scherzh. für weinerlichen, jammernden, klagenden Mann
siemseidan	schmeichlerisch, heuchlerisch; *a siemseidana Kunt*
sieri	heftig, begierig; Frauen können *oan Kunt sieri mocha*
Simandl	Pantoffelheld
Singal	Küken
soacha, soaha	urinieren (derb)
söcha, söchana	ein solcher

Söchta	kleines Holzgefäß; auch: langweiliger, fader Mensch; *dös is vielleicht a Söchta!*
Söckln, Söckö	Socken; *a fada Söckö* ist eine fade Person
Soifaling	Speichel, Spuke; ein Kleinkind *soifad*
Soiznogl	Salzstangerl
Spassettl	Scherz
Spazi	kleiner Zwischenraum, Spielraum; *a weng an Spazi host no* (einen kleinen Zwischenraum hast du noch; z. B. beim Einparken)
speanzln, speanzn	liebäugeln, kokettieren
speibm	erbrechen; *schaut aus wia a gspiebms Öpfökoh* (schaut aus wie erbrochenes Apfelmus; Redensart auf jemanden, der sehr blass aussieht)
Speidl, Speigl	Spalte; *Öpföspeidl* (Apfelspalte)
Speisgodan	Kommuniongitter
Spekuliaeisn	Brille (scherzh.; von »spekulieren«)
Spezl, Spezi	Freund, Kumpan; ein *Spezi* ist auch ein Mix-Getränk aus Cola und Limonade
Spiz	Schwips; auch: Fußtritt ins Hinterteil; *i gib da an Spiz!*
Spompanadln	Dummheiten, Albernheiten
Spreißl	Holzspäne zum Unterzünden; dünne Beine

Spreizn	Ast-Stütze; wer *si spreizt,* ziert sich
Springinkal	übermütiges Kind
stad	still, leise; *sei stad!* (sei leise!); auch: beständig (*stad* arbeiten); *stadschauad* ist das Gegenteil von lebhaft
Stampal	kleines Schnapsglas
stampan	verscheuchen
Stanitzl	unten spitz zulaufende Tüte
Stean reißn	stürzen; *mitn Radl an Stean reißn*
steanhogivoi	»sternhagelvoll«, stockbetrunken
Stehaufmandl	eine spezielle Spielzeugpuppe; auch: jemand, der Unglück rasch überwindet
Steign	Käfig; *Hehnasteign;* die Obstkiste ist die *Obststeign*
Stessa	Stoß; *ea hot ma an Stessa gebn*
stiarln, stiarn, stürn	stöbern, kramen, durchsuchen; *Wos stiarlst denn do umanond?*
stibitzn	eine Kleinigkeit mitgehen lassen
stigitzn, stigatzn	stottern, stammeln. *I ho koa Woat vastondn, wos dea zsomgstigitzt hot.* (Ich habe kein Wort verstanden, was der gestammelt hat.)
Stingl	Stiel, Stengel; *mit Buz und Stingl* (zur Gänze z. B. einen Apfel aufessen)
Stöbl, Stöwö	Stab, Holzstock; *Stöblschmeißn* (beliebtes Spiel, ähnlich dem Boccia)
Stockal	Schemel

Stöckl	Nebengebäude zum Wohnen; auch: Absatz beim Stöckelschuh; *Stöcklkraut* (Zuspeise zum Schweinsbraten)
Stoppöziaga	Korkenzieher
Stra	Streu; *in da Stra liegn* (durcheinander liegen)
Strauka	Schnupfen
Strawanza	Strolch, Herumtreiber
strowön	nach etwas begierig streben
stüan	ärgern; *loss da's ned stüan* (ärgere dich nicht, vergiss es)
Stümpfal	Stummel, z. B. der Kerze
Sturi, Gsturi	unangenehme Sache; *iatzt homa de Gsturi do*
Stutzn	Stumpf; auch: Kniestrumpf; weiters: kurzes Jagdgewehr; *a Biastutzn* ist ein Bierglas
Suam, Sümpö	beschränkter Typ
sudan	viel und unbedeutendes Zeug daherreden; *a Sudarant* ist ein langweiliger Schwätzer
Summafrischla	Feriengast
Sümpö	einfältiger Bursch, Mann
Sunnawendtn	Sommersonnenwende; auch Sunniwend
Sunnbänk	Hausbank an der Sonnenseite
Sunnda	Sonntag

T

a b c d e f g h i j k l m n o p q r s **t** u v w x y z

Wörter, die Sie unter T nicht finden, stehen sicher unter D

Tä	schlechte Luft; *Hots do an Tä!* (Da hat es einen üblen Geruch.)
Tachiniera	Nichtstuer, Drückeberger
Tackn	Decke, Fußabstreifer, Fußmatte im Auto oder Bad; *auf da Tackn liegn* (finanziell am Ende sein); *heatackn* (her-, anlocken); s. *otackn*
Tamtam	Aufsehen
Tandla	Händler, Trödler; *umanondtandln* (herumtrödeln)
Tappal	Klaps; leichte Ohrfeige
taschln	regnen; *heut taschlts oba!*
Taschltroga	»Taschenträger«; scherzh. für Politikersekretär
Taschlziaga	Taschendieb
Tastbredl	Computertastatur
Tatl	Greis
tatschln	tätscheln
taucha	schieben, drängen; s. *otaucha*
Tatzal	kleine Schüssel, Untertasse

Techtlmechtl	Liebelei
Teixl	Teufel. *Da Teixl soi di hoin.* (Der Teufl soll dich holen.)
terisch	schwerhörig, taub; *terische Kapelln* sagt man scherzh. zu einem Schwerhörigen oder einer Person, die nicht hören will
teufln, teufön	toben, schimpfen; auch: hetzen, sich beeilen, schnell fahren; *teufl ma eine mitn Bagga* (fahren wir, probieren wir es mit dem Bagger); *umteufln* (herumtollen)
Tintnspriza	scherzh. für Tintenstrahldrucker
Titschkal	kleines Taschenmesser
Tögl, Tögö	Topf, Tiegel; *Rotztögl* (Schimpfwort)
Togweri	Tagwerk
Tontan	einfaches, handliches Spielzeug (von »Tand«). *Wo host den dei Tontan?* (Wo hast du dein Spielzeug?). *A Tontara* ist ein verspielter Mensch.
Topfn	Quark; aber: *so a Topfn* (so ein Unsinn)
toppn	tappen; *umanond toppn* (im Finstern vorsichtig gehen)
Toschat	Gemüse-, Rübenblätter, Unkraut
Totscha	Füße (scherzh.); *du mit deine Totscha muaßt do einitotschn* (Musst du da hineintreten?)
Totzn	Tatzen, Pfoten; auch: Hände; *nimm deine Totzn weg!;* s. *ototzn*

tramhapad	schlaftrunken, verträumt
Tranl, Trenl	Kreisel
Trompl, Trompö	Schimpfwort auf ungeschickte Frau; *trompln* (schwerfällig gehen)
trazn	reizen, ärgern
Treaschn	Maul, Mund; *do hot er sei Treaschn hänga lossn*
Treff	Hiebe, Schläge. *Glei wiast Treff kriagn!*; auch: »Farbe« im Kartenspiel
Trenza	weinerlicher Mann; das weibliche Gegenstück: *Trenzgeign;* ständiges *Trenzn* (weinen, jammern) heißt *Trenzad, Trenzarei*; s. *otrenzn*
Treta	große Schuhe
trickan	trocknen
Tridling	Holzschuhe
Trippsdrü	ein erfundener Ort, in den man z. B. jemanden wünscht
Troad	Getreide; *Troadkostn* (Getreidespeicher)
Trud	dämonisches Wesen, das Schlafende auf die Brust drückt; daher auch Ausdruck für Beklemmungen während des Schlafes
trüfön	tratschen, schwätzen; *a Trüföwei* ist eine Frau, die gerne viel redet (salzk.)
Trumm	großes Stück vom Ganzen; *a Trumm Fleisch*
Trutschal	abfällige Bezeichnung für Mädchen

tschari	verloren, verspielt
Tschäsn	abfällige Bezeichnung für altes Auto
tschechan	abplagen; auch: betrinken; *Tschoch* (Mühsal, anstrengende Arbeit). *Do homa tschechat heut* (da haben wir uns heute sehr geplagt oder: da haben wir viel getrunken); *a Tschecharant* ist einer, der viel trinkt, z. B. in einem *Tschechal* (kleines Lokal); s. *otschechat*
Tschibock	Pfeife
Tschoppal	einfältiges Kind
Tschusch	abfällige Bezeichnung für Südosteuropäer
Tubara	Lungenkranker
Tuchat	Tuchent
tummln, tummön	sich beeilen
tümpfln, tümpfön	unter das Wasser tauchen
Tuta	unreifer Brusch; *zeascht a junga Tuta, donn a oida Tatl*
Tuttl, Tuttn	Brust, Zitze; *tuttat* (vollbrüstig)

Ü

Üabm	Brechreiz verspüren
übaecks	quer durch
Übagangl	Regen, der rasch vorübergeht
übahaps	überstürzt, ungefähr, notdürftig; eine Arbeit *übahaps* verrichten
übamocha	sich überanstrengen
übanachti	unausgeschlafen
übanosan	kapieren, verstehen
übaschnoppn	nicht ganz bei Trost sein. *Bist übagschnoppt?*
übasi	oberhalb; Gegenteil von *üntasi*
übastandi	»übergeblieben«, keinen Partner gefunden; *a übastandiga Junggsö*; auch: überreif bzw. überdrüssig. *Jedn Tog dea säwe Kas wiad ma scho übastandi!*
übastott toan	etwas mit Selbstüberwindung verrichten; auf etwas verzichten
udonks	unabsichtlich, gedankenlos, zufällig (mühlv.)
uma	herüber, umher; *umadum* (herum)

umaleanschn	herumlungern
umaleischn	umhersträunen, umherlaufen
Umgong	Fronleichnamsprozession; Opfergang um den Altar
umi	hinüber
umireibm	eine Kurve gut nehmen; man kann auch einer Person etwas *umireibm* (ihr etwas vorhalten)
umscheibn	umfahren, niederstoßen
umsteh	zur Seite treten, den Weg frei machen. *Konnst ned umsteh!*
unt, ünt, unta, ünta, üntasi	unten, unter, unterhalb; s. *übasi*
Ura	Sauerteig zum Brotbacken
urassn	verschwenden, vergeuden, sehr wähler-sich essen; *Tua net so urassn!*

V

vabandlt sein	verbunden sein, gemeinsame Sache machen
vadeanln	verhätscheln, verzärteln
vaflixt	verflucht
vagrodn	misslungen, missraten; die Arbeit ist *vagrodn*; auch der Sohn, die Tochter kann *vagrodn* sein
vagunna	vergönnen
vahoadagld	verunstaltet
vahunzn	verderben, verpfuschen; sein Leben ist *vahunzt*
vaklampfln	verraten
valeppan	verschütten, ausgeben
valiasn	verlieren; auch *valoisn*
vamankln, vamankön	verwirren; auch: verheimlichen
vamantschn	vermischen
vamassln	verderben, durchkreuzen; *dös ho i eam vamassld* (das habe ich ihm verdorben)
vamoana	vergönnen, willig sein

vamocha	vererben
vamuaksn	verpfuschen
vamudln, vanudln	verdrücken; *dös Gwand is vamudlt*
vanadan	verraten, anzeigen
vanoglt	begriffsstützig. *I woaß net, i bi gonz vanoglt heut.*
vanond	auseinander
vapotzn	verderben
vaplempan	vergeuden
varammln	versperren
Vareckal	junges Tier, das bald verrecken, also sterben wird
vaschrei	»verschreien«, über etwas unvorsichtig reden, Unglück herbei reden. *Vaschrei's net*! Dagegen hilft auf Holz klopfen oder bei der Nase nehmen.
vasehgn geh	Krankenölung bringen
vawichsn	Geld ausgeben. *Host scho wieda ois vawichst?*
vazähln	erzählen
vazahrn	verschleppen, auf Abwege führen; *ins Wiadshaus vazahrn; Kindavazahra*; s. *zahrn*
vaziagn	alter Hochzeitsbrauch, bei dem Kinder mit einer über die Straße gespannten Schnur den Hochzeitszug aufhalten und Maut fordern

Viakanta	Vierkanter, Gehöftform im oö. Zentralraum. *Viaseithof* (Vierseithof, Gehöftform im Innviertel)
Voalauf	»Vorlauf«; das erste Produkt beim Schnapsbrennen
Vöda	Vetter
Vogalsolot	»Vogerlsalat«, Feldsalat
Voglbeer, Vogöbeer	Frucht der Eberesche
vüa	vor
Vüabänk	tragbare Bank ohne Lehne; s. *Longbänk*
Vüafleck	Männerschürze
vüagehn	vorausahnen
vüagöbm	dem Vieh Futter vorgeben
vüahobm	vorwerfen, ermahnen
vüakemma	vor-, zuvorkommen; auch: widerfahren. *So wos is ma nu nia vüakemma*
vüamassln	hinzielen, z. B. beim Eisstockschießen
vüamocha	vormachen, zeigen, wie es gemacht wird
vüara	hervor; *vüaranonda bringa* (in Ordnung bringen, regeln). *Mia wean dös scho vüaranonda bringa.*

W

wachln, wachön	winken; auch: wehen; *da Wind wachlt*; oder: mit dem Schwanz *wachön* (umherschlagen)
Wadl	Wade; jemandem die *Wadl vüaririchtn* (ihn gefügig machen, ihm Manieren beibringen). *A Wadlbeißa* ist eine Person, die boshaft und verletzend argumentiert.
Wäli, Welli	ungeschickter Mensch, Tölpel; auch: Spielkarte
Wammal	Bauchfleisch mit Schwarte
Wandl	kleine Badewanne; auch: Autodelle; *owandln, zuwiwandln* (z. B. mit dem Auto anstreifen, anstoßen)
Wartl	Wörtchen. *Do hob i a nu a Wartl mit zredn.*
Wasal	stille, unterwürfige, heimlichtuerische Person
Waschl	großer Mensch; großer Fisch; *is dös a Waschl; waschlnoss* ist jemand, der durch und durch nass ist
wass	rau, scharf, kratzend. *Dö Söckön san owa wass.*

wassan	jemand verhauen, schlagen
weafm	werfen; junge Tiere zur Welt bringen
Wean	»Wern«; eitrige Entzündung am Augenlid, Gerstenkorn; auch: Maulwurfsgrille, Engerling
weangln	lockern, hin und her bewegen
weban, wöban	in ständiger Bewegung sein
Weda mocha	ein »Wetter« machen, auftrumpfen, beeindrucken. *Moch net so a Weda!*
weh	schmerzen, *es tuat weh*. *A Weh* ist eine Person, die sich alles gefallen lässt, die nicht ernst genommen wird.
Wei	Weib, Frau, Ehefrau; *Weiwaleit* (mehrere Frauen); *Weibl, Weiwö* (Kosename für Weib, Frau, Ehefrau); als *Weiwara* bezeichnet man einen Frauenhelden und eine *Weiwaroas* ist ein geselliges Zusammentreffen von Frauen
Weidling	Keramik- oder Emailschüssel oder -topf
Weinbeerln	Weintrauben; Rosinen
Weisat	Geschenk zur Geburt eines Kindes oder zur Hochzeit; *Weisat bringa*
weisn	ein Kind an der Hand führen. *Loss di weisn!*
weißna	Raum frisch ausmalen; auch *weißign*
Wendtnarin	eine Frau, die über geheimnisvolle, heilende Kräfte verfügt; die durch *wendtn* heilen kann

Weri	Werk; auch: Werg, Flachsfasern; *Weritog* (Werktag); *Fuhrweri* (Fuhrwerk)
wiadawö	wie immer; auch: ist egal
wiafli, wiaflad	schwindlig, fahrig, konfus, wirr
wichsn	schlagen, ohrfeigen; *i wichs da glei oane;* auch: glänzen, z. B. den Fußboden *wichsn;* ferner: onanieren
Wid	gebündeltes Kleinholz; *Wid-Asn* (Gerüst über dem Ofen zum Holztrocknen)
Widin	Witwe; *Widiwa, Widiwachl* ist der Witwer
Wimmal	Wimmerl, Hautpickel
winni	aufgeregt, nervös; *gonz winni is a gwen*
wischaln	urinieren
wischpln, wischpön	flüstern
woacka	einwässern; *d' Wäsch eiwoacka;* wenn man jemanden *eiwoackt,* macht man ihn betrunken
Woad	Weide
Woama	»Warmer«, Homosexueller
woana	weinen
Woasl	Bienenkönigin; auch: Anführer einer Gruppe; wenn man aber jemandem den *Woasl gibt,* schickt man ihn weg, weist ihn ab
Woaz	Weizen

Wochta	Wächter; *umanondwochtan* (in der Nacht umhergehen)
wodn	waten
woglad, wogln	wackeln, unsicher, schwanken; wer *im Wigl-Wogl is,* ist untenschlossen
Wompn	übermäßig dicker Bauch; *a Womstaling* ist *wompad* (sehr dick)
woschn	waschen; auch: tratschen (von »Gewäsch«); weiters: verprügeln; *dös hot si gwoschn* (das hat sich ausgezahlt)
Woissn, Wöschpn	Wespe
woita	sehr, ziemlich, extrem; *woita hoaß, koit* (Salzk.)
wualn	wimmeln: *heut wualts af da Schipistn*; wenn *d' Füaß wualn*, dann kribbeln sie
wuascht	egal: *dös is ma wuascht; Wuascht* (Wurst)
Wübö	Holzwurm (Salzk.)
Wuchtl	Germspeise; auch: dickes unförmiges Ding oder ein Ball, dem die Luft ausgeht
Wuckal	Löckchen; auch: Staubwuckerl oder bauschiger, fliegender Samen von Blumen und Bäumen
wüd	wild, ungestüm; *a Wüdling* ist entweder ein grober Mensch oder ein wilder Trieb am Baum; *a Wüdara* ist ein Wilderer
Wusal	Küken

zabln, zabön	zappeln, zittern
zach	zäh; *a zachs Fleisch*
Zähnt	Zähne. *Do hot a si die Zähnt ausbissn.* (Daran ist er gescheitert.)
zahrn	zerren, schleppen; *vü zan zahrn*
Zäpfn	Tannen-, Eiszapfen
Zaschn, Zuschn	liederliches Frauenzimmer; *ned daheazaschn* (nicht daherkommen)
Zauckal	Taschenmesser. *A Zauckaldrachsla* drechselt Holzgriffe für die *Zauckaln*
zaussi, zaussalat	schwächelnd, kränkelnd; auch: wechselnd, unsicher
zebaln, zöbaln	mit kleinen Schritten gehen; auch: Spiel, bei dem sich zwei Kinder mit kreuzweise verschränkten Armen im Kreise drehen
Zech, Zöch	Wirtshausrechnung; auch: berüchtigte Gemeinschaft lediger Bauernburschen im Innviertel; s. *Rud*, *Pass*
Zeck	Milbe, Zecke; auch: lästiger Mensch
zeidi, zeidli	reif; auch: früh, z. B. *zeidli aufstehn*
zeidln	melken (Innviertel); *Küah san zan zeidln*

Zeitlong	Heimweh, Langweile oder Sehnsucht
Zella, Zellara	Sellerie
Zeln, Zän	flacher Kuchen, Fladenbrot. *A Gluatzän* (Glutzelten) ist ein Fladen aus den letzten Brotteigresten. Auch: Schimpfwort auf eine einfältige, träge, feige Person
Zetzn	schwächliche, kränkliche Person
zfledert	zerzaust
Ziadara	zitternder Mensch; auch: Zitterflechte, eine Hautkrankheit
Zinsal-Zansal	Plunder, nutzloses Zeug
Zipf	spitzes Ende; *Poistazipf, Wöcknzipf*; ein *fada Zipf* ist ein langweiliger Mensch
Zistl	rundlicher, tiefer Tragekorb mit Henkel
zitzalweis	in kleinen Stücken
zkriagn	sich zerkrachen, streiten
zlexnd	dürr, spröde werden; *'s Fassl is zlexnd* (das Fass ist nicht mehr dicht)
zlong kemma	zu spät kommen
zmerschan	zerschmettern, zerschlagen
zmudln	zerwühlen (die Haare, ein Kleid)
znepft	betrübt, verdrossen, traurig
Znüachtal	schwächliches Kind oder Wesen
Zöchprobst	derjenige, der beim Messopfer in der Kirche Geld einsammelt
zodln, zotln	langweilig und schwerfällig gehen

Zodn	lange ungepflegte Haare; *Zodlbock*
Zöga, Zega	Tragekorb
zohna, zauna	zahnen; auch: Zähne zeigen, drohen; ferner: hinterfotzig grinsen; s. *Himmi*
Zopfn	Kälte. *Es hot an Zopfn.* (Es ist kalt.)
Zösalbam	Haselstaude
zöttn	verlieren, verstreuen
zrüttn, zrittn	zerrütten, Verwirrung stiften; auch: jemanden ärgern und erzürnen
zschmeißn kemma	zurecht kommen
zsommheugn	Heu zum Aufladen richten
zsommbögln	schelten
zsommgeh	zeitlich möglich. *Es geht ma zsomm.* (Es geht sich aus, es ist mir möglich.)
zsomm-huschaln	im Bett aneinander schmiegen, um sich gegenseitig zu wärmen
zsomm-klaubm	auflesen (Obst); auch: sich nach einer Krankheit erholen
zsommschean	zusammenputzen; auch: jemand schimpfen
zsommleppan	sammeln: *Es leppat si ollahond zsomm.*
zsommtuschn	zusammenkrachen
zsomm-schwanzn	schön kleiden, sich herausputzen
zspragln	mehreres gleichzeitig tun und dabei nicht zu Rande kommen

zuaba	herzu; auch: *zuaha, zuawa, zuba, zuwa*
zuabi	hinzu; auch: *zubi, zuwi, zuh, zui, zuahi*
Zuagroasta	»Zugereister«, Fremder
Zülln	Zille, Kahn
Zussara	Schmeichler; *zussarat* (schmeichlerisch, süßlich); *zussaln* (süßlich tun)
zuwaschaun	besuchen
zuwiwachsln	unterschieben. *Do hättn s' ma wieda a Oabat zuwigwachslt.* (Da wollten sie mir wieder eine Arbeit unterschieben.)
Zuzl	Schnuller, Fopper; *zuzln* (saugen)
Zwauckal	kleines, niedliches Ding; auch: *Zweckal, Zwuckal*
zwe, zwo, zwoa	zwei (männl., weibl., sächl.)
Zwenling	Zwilling
Zwidaling	übel gelaunter Mensch; auch: *Zwidawuazn*
Zwidanus	Verdruss
zwinsln	mit den Augen winken
zwoaka	aufweichen
zwöng meina	meinetwegen
Zwötschkan, Zwöschban	Zwetschkenschnaps; von: *Zwötschkn, Zwöschbm* (Zwetschke)
zwozln	mühsam dahingehen; *dea zwozlt dahi*
Zwutschkal	kleines Wesen

Gstanzln und andere Mund-Art

Drobm afn Beagal,
wo dö Bam so schö blian,
raufn zwoa Glozköpf,
dass Hoa a so fliang!

Das ist ein typisches »Gstanzl«, ein knapper Vierzeiler in Mundart, wie er nach wie vor in einer geselligen Runde gesungen wird – in Oberösterreich genauso wie in vielen ländlichen Regionen Österreichs. Er zeigt recht schön, dass Witz und Spott im Dialekt viel treffender, manchmal auch verletzender ausfallen als in der Hochsprache.

»Sprechen Sie Oberösterreichisch?« enthält zahlreiche solche Gstanzl-tauglichen Wörter – aber nicht nur. Für das Buch konnte ich ja aus dem reichen Fundus der Mundart und Umgangssprache in Oberösterreich schöpfen. Dabei wählte ich vor allem jene Wörter aus, die noch weitgehend im Sprachgebrauch sind, die die dialektale Vielfalt und den phonetischen Reichtum dieses Landstrichs widerspiegeln. Nicht aufgenommen wurden Begriffe aus der früheren bäuerlichen und handwerklichen Arbeitswelt, die zwar oft sehr lautmalerisch sind, aber kaum mehr Verwendung finden. Den heutigen Sprachschatz bereichert dafür so manch »zeitgeistiges« Wort.

Als gebürtigem Innviertler sind mir naturgemäß Ausdrucksweisen, Tonfall und Sprachfärbung dieser Region geläufiger als die der anderen Vierteln des Landes. So mag die getroffene Auswahl vielleicht etwas Innviertel-lastig sein. Ich ersuche daher die geneigten Leserinnen und Leser aus dem Mühl-, Hausruck- und Traunviertel um Nachsicht.

An dieser Stelle auch gleich einige notwendige Bemerkungen zur Schreibung in diesem Buch. Das Gesprochene auf Papier zu bannen ist bekanntlich ein Kapitel für sich: Es gibt keine einheitliche Schreibweise für Mundart-Ausdrucke. Die meisten Autoren haben für sich ganz eigene gefunden – und das gilt natürlich auch für dieses Buch. Die Schreibweise will – getreu dem Motto *Red, wia da da Schnobl gwochsn is* (Sprich, wie dir der Schnabel gewachsen ist) – möglichst »mundartnahe« sein, aber sie ist wie alle anderen nur ein Kompromiss zwischen lautgetreuer Aufzeichnung und leichter Lesbarkeit bzw. Verständlichkeit.

Wörter mit dumpfem, geschlossenem »a« (å) wurden mit »o« (*Dompf*, *obeidln*), in Verbindung mit »l« als »oi« (*Oim* = Alm) geschrieben. Die Endungen »-er«, »-erl« lauten auf »-a« bzw. »-al« (*Wegal*), jene mit »-el« auf »-ö« (*Semmö*).

»St« und »sp« werden zwar »scht«, »schd« und »schp«, »schb« ausgesprochen, sind aber der Einfachheit halber unter »st« und »sp« zu finden; »t« und »p« werden überwiegend als »d« und »b« gesprochen.

Die Mundartforschung rechnet Oberösterreich allgemein dem bairischen Dialektraum zu. Die tägliche Konversation wird in diesem Bundesland heute meist in Umgangssprache geführt. Sie weist je nach Region spezifische Lautmerkmale auf. In Teilen des Salzkammergutes wird z. B. der Wort-Anlaut *Gl-* und *Kl-* mit *Dl-* gesprochen, also *Dlockn* statt *Glocken*. Derartige lokale Besonderheiten konnten hier allerdings nicht berücksichtigt werden. Die »stilprägende« Vermischung der Ausdrucksweisen der städtischen und ländlichen Bevölkerung in Linz und seinem weiten Umland jedoch fand sehr wohl Eingang.

Mit der wissenschaftlichen Erforschung der Dialekte Oberösterreichs ist das Adalbert-Stifter-Institut des Landes Oberösterreich betraut. Nach umfangreichen Erhebungen wird mit dem »Sprachatlas von Oberösterreich«, von dem bereits Teillieferungen erschienen sind, in einigen Jahren ein umfassendes Grundlagenwerk vorliegen. Schon jetzt ist es möglich, über Internet (www.stifterhaus.at) eine Auswahl dialektaler Lauteigenheiten in der Audiothek »OöTon« abzurufen und sich anzuhören, wie einzelne Wörter oder Sätze in den verschiedenen Landesteilen klingen.

Anders als dieser »Sprachatlas« will dieses Buch keinen wissenschaftlichen Anspruch erheben: Hier geht es viel mehr um Ausdrücke aus der oberösterreichischen Alltagssprache, die man / frau sich im wahrsten Sinne des Wortes auf der Zunge zergehen lassen muss.
Dieser lautmalerische Reichtum ist immer wieder Inspirationsquelle für Autorinnen und Autoren. Es gibt eine lange Tradition, den Dialekt – frei übersetzt aus dem Griechischen bedeutet Dialekt übrigens »Durcheinanderreden« – literarisch einzusetzen. Das gilt vor allem für Oberösterreich, wo es Franz Stelzhamer (1802–1874) mit seinem *Hoamatgsang* sogar zu Landeshymnen-Ehre gebracht hat.
Auch viele zeitgenössische Autorinnen und Autoren, Liedermacher und Kabarettisten verwenden den Dialekt bewusst als Stilmittel. Das Spektrum reicht hier von Dialektgedichten der legendären Wiener Gruppe mit dem Innviertler Friedrich Achleitner als einem der Wegbereiter der Moderne (*koa aonung / von / duddn und blosn / owa / a nosn / a nosn / middn im gsichd*) bis hin zur »neuen Volksmusik« von Hubert von Goisern oder dem Linzer Duo *Attwenger*.

Literatur

Achleitner, Friedrich: Prosa, Konstellationen, Montagen, Dialektgedichte, Studien. Rowohlt Verlag, 1970

Der Dialekt in der Literatur. Literaturmagazin der »Wiener Zeitung«, Nr. 18, 3. Jahrgang

Ebner, Jakob: Wie sagt man in Österreich? Duden, 1998

Falkner, Hans-Peter: 1234 Gstanzln. Bibliothek der Provinz, 1999

Hoamat-Land. Eine Geschichte der OÖ-Landeshymne. Sonderpublikation der oö. Heimatblätter, 2002

Jungmair, Otto / Etz, Albrecht: Wörterbuch zur oberösterreichischen Volksmundart. Hrsg. Vom Stelzhamer-Bund der Freunde oberösterreichischer Mundartdichtung, 33. Band des Sammelwerkes »Aus dá Hoamat«, Landesverlag, 1989

Kleinmayer, Karl Georg: Bairisch. Langenscheidt Lilliput, 1999

Österreichisches Wörterbuch. Schulausgabe, 39. Auflage, öbv&hpt, 2001

Seidl-Reiter, Edda: Das Mühlviertel in seiner Sprache. Juiwégga Dudn. Bibliothek der Provinz, 2003

Wintersberger, Astrid: Österreichisch-Deutsches Wörterbuch. Residenz, 1995

Abkürzungen

mhd.: mittelhochdeutsch
mühlv.: mühlviertlerisch
s.: siehe
Salzk.: Salzkammergut
scherzh.: scherzhaft